LA MOSAIQUE

RECUEIL DE PIÈCES NOUVELLES.

N° 52.

Théâtre du Panthéon.

L'ACTE MORTUAIRE,

DRAME EN TROIS ACTES, PRÉCÉDÉ D'UN PROLOGUE.

PARIS,
BECK, ÉDITEUR,

1842.

L'ACTE MORTUAIRE,

DRAME EN TROIS ACTES, PRÉCÉDÉ D'UN PROLOGUE,

PAR M. VORBEL,

Représenté pour la première fois, sur le théâtre du Panthéon, le 15 octobre 1842.

DISTRIBUTION :

LE COMTE DE SENLIS.....	M. Prudent.
LA COMTESSE, sa femme..	Mme Florentine.
ROGER, maître menuisier..	M. E. Moreau.
LAMBERT, ouvrier menuisier................	M. Honoré Morel.
GENEVIÈVE, servante de Roger, future de Lambert.	Mme E. Moreau.
RIQUET, apprenti de Roger.	M. Delalonde.
ALBERT, fils du comte et de la comtesse.............	M. Léopold.
JULIE, fille de Geneviève..	Mlle Duménil.
UN REPRÉSENTANT........	M. Jules.
DOMESTIQUES.	
GENDARMES, SOLDATS, PEUPLE.	

Au prologue, la scène est à Paris, dans la boutique de Roger. Aux premier, deuxième et troisième actes, chez la comtesse, au château de Mont-l'Évêque, près Senlis.

LES DEUX MÈRES,

PROLOGUE.

Le théâtre représente l'intérieur d'une boutique de menuisier. Au fond, un vitrage donnant sur la rue. A droite et à gauche, portes de communication. Etablis, planches, outils. Un buffet. Au lever du rideau, plusieurs ouvriers travaillent.

SCÈNE I.

ROGER, RIQUET, Ouvriers.

ROGER. Allons, enfans, cessons les travaux. Voici l'heure de se rendre à la section, et les bons citoyens n'y doivent pas manquer.

(Les ouvriers mettent leurs vestes et sortent.)

RIQUET, les regardant partir. Je voudrais bien être en âge de faire un citoyen complet; j'irais à la section crier et dire des extravagances tout comme les autres!.. J'aimerais mieux ça que de garder la boutique. Vive la liberté !

ROGER. Riquet, viens ici !

RIQUET. Voilà, citoyen bourgeois, voilà.

ROGER, lui tirant vigoureusement l'oreille. Les outils et les morceaux de bois que je t'avais ordonné de porter dans le magasin sont encore là. Tu ne veux donc jamais obéir...

(Il le pousse vers les objets.)

RIQUET. Oh ! là... (A part, emplissant son tablier.) En voilà de la liberté. Il me fait goûter les bienfaits de la république.

(Il sort.)

ROGER, seul. Allons donc encore à la section; comme président, je ne puis pas m'en exempter. Ce titre fatigant m'obsède; j'espérais qu'il m'aurait aidé à pêcher une fortune dans le torrent révolutionnaire, je me suis trompé. Cependant, j'ai toujours là, sous la main, ma dernière ressource; il m'en coûte peut-être un peu de l'employer, il m'en conte de perdre l'homme qui m'a établi, l'homme qui me fournit encore, par lui et ses amis, les travaux qui me font vivre!.. Mais, baste !.. si je n'ose pas le dénoncer, d'autres l'oseront, sans doute... Autant en profiter moi-même, et si bientôt une autre affaire ne se présente pas, nous verrons.

RIQUET, revenant.* Voilà citoyen bourgeois. Tout est rangé.

* Riquet, Roger.

ROGER. Je t'ai défendu de me parler ainsi; appelle-moi citoyen Roger, pas autrement. Tu es mon égal; je t'apprends à travailler, je suis ton maître d'apprentissage, et non pas ton bourgeois; enfin, tu n'es pas mon domestique, tu es mon élève. As-tu brossé mon habit?

RIQUET. Oui, citoyen.

ROGER. Donne-le-moi.

RIQUET, le décrochant et l'apportant. Le voilà, il est très propre; c'est un plaisir de voir comme il est propre.

(Il le laisse tomber.)

ROGER, lui donnant un coup de pied. Fais donc attention, maladroit. (Riquet s'éloigne.) Écoute, (Riquet s'avance avec crainte.) tu vas rester ici à travailler pendant mon absence.* Voici du papier et un crayon. (Il désigne un morceau de papier sur l'établi à droite, et lui donne un crayon.) Si quelqu'un vient, tu prendras le nom des personnes et le motif de leur visite. N'oublie rien, ou sinon...

RIQUET. Soyez tranquille, j'ai l'habitude de cette consigne-là.

ROGER. Mon chapeau?

RIQUET, allant le chercher. Voilà! (Le prenant.) voilà! (Le présentant.) voilà!

ROGER, sortant. Travaille, et surtout ne t'absente pas.

SCÈNE II.

RIQUET; puis, GENEVIÈVE.

RIQUET, le regardant partir. Travailler!.. quand je suis seul, quand personne ne me surveille!.. ma conscience ne me le permet pas. J'aime mieux jouer à quéque chose... voyons, à quoi?.. Si j'étais deux, ça serait plus agréable... J' vas jouer à la guerre. (Il prend des petits canons dans un tiroir et les braque sur l'établi de gauche. Geneviève entre, se soutenant à peine.)** Mlle Geneviève, c'est vous? Entrez donc, le loup n'y est pas. Oh! mon Dieu! qu'est-ce que vous avez? Vous souffrez, Mlle Geneviève? Asseyez-vous. Voulez-vous prendre quelque chose?

GENEVIÈVE, d'une voix faible. Oui, un peu de pain!..

RIQUET. Comment! Mamzelle, c'est la faim qui... Ah! mon Dieu! la faim!.. la faim!...Ah! ma foi, mon égal dira ce qu'il voudra.

(Il va au buffet, verse du vin dans une tasse, coupe un morceau de pain, et apporte le tout à Geneviève.)

GENEVIÈVE. Mes forces sont prêtes à m'abandonner tout-à-fait! Cependant, je ne puis plus souhaiter la mort maintenant, oh! non, je dois vivre... il faut que je vive!..

RIQUET, se mettant à genoux à côté de Geneviève. Tenez, Mlle Geneviève, prenez toujours ça; ça vous dégourdira l'estomac... en attendant autre chose. Ça fait du bien, n'est-ce pas?.. Buvez un peu... oh! c'est du bon vin.

* Riquet, Roger.
** Riquet, Geneviève.

Il se traite bien, mon égal, le citoyen Roger... Mangez encore... Moi, il me nourrit avec du pain dur, très peu de bonne chère, beaucoup d'eau claire, et une pluie de taloches; mais lui!.. Buvez un peu... ça fait couler... Vous savez bien comme il était gourmand? Eh bien! c'est encore pis; il se traite maintenant comme s'il avait des millions de milliards de mille livres de rente. Mangez donc... Et il devient dur, ours, égoïste, brutal, tous les jours de plus en plus; dans quelque temps d'ici, pour peu que cela continue, le citoyen Roger deviendra un vilain citoyen... Encore une petite gorgée... Là... v'là vos couleurs qui reviennent... Ah ça! comment se fait-il donc que vous soyez dans cet état-là?

GENEVIÈVE. Depuis près de trois mois que M. Roger m'a chassée d'ici, il m'a été impossible de trouver une place; mes faibles ressources se sont épuisées!..

RIQUET. Et Lambert, le compagnon qui travaillait ici... votre prétendu... que le citoyen Roger a renvoyé quinze jours avant vous, que fait-il?

GENEVIÈVE. Je ne l'ai pas revu!

RIQUET. Ah!.. mais il fallait venir trouver M. Roger, lui dire: Je vous ai servi fidèlement, vous n'avez rien à me reprocher, ne me laissez pas mourir de faim, reprenez-moi, ne me donnez pas de gages, mais seulement du pain!..

GENEVIÈVE. C'est ce que je viens faire.

RIQUET. Pourquoi ne l'avoir pas fait plus tôt?

GENEVIÈVE. Parce que je voulais mourir!..

RIQUET. Mourir!.. Ah! pas de ces idées-là, Mlle Geneviève, pas de ces idées-là...

GENEVIÈVE, se levant.* Oh! maintenant, je ne veux plus mourir, je veux vivre!.. C'est pourquoi j'oublie mon horreur pour lui, jusqu'à venir lui tendre la main...

RIQUET. Il n'y a pas de honte à ça, Mamzelle. Vous êtes une fille honnête, sage et laborieuse, vous manquez d'emploi; vous venez demander du pain, en échange de votre travail... Mais, à propos, le Roger va bientôt revenir... Entrez là. (Il lui désigne la porte de droite.) Je préparerai le terrain. Attendez que je vous appelle. (Geneviève sort.) Et, d'abord, ma consigne. (Écrivant.) Mlle Geneviève (Parlant.) et le motif de sa visite... Ah! il faut frapper tout de suite. (Écrivant.) motif de sa visite... la faim!.. (Parlant.) Il comprendra, s'il veut. Le voilà! Cachons mon artillerie... (Il pousse ses canons dans le tiroir. Roger entre. Brrrrou!.. quel air en colère!..

SCÈNE III.

ROGER, RIQUET, GENEVIÈVE, dans la chambre à droite.

ROGER, l'air sombre et colère, venant s'asseoir près d'un établi. Encore un qui fait fortune!.. Cet imbécille de Boissonet, un cordonier nommé fournisseur! Et moi, rien... toujours rien!..

*Geneviève, Riquet.

Oh! j'enrage de me voir ainsi oublié, méconnu... Riquet?

RIQUET. Présent.

ROGER. Va me chercher ce qu'il faut pour écrire. (Riquet sort.) Puisque la fortune ne veut pas venir à moi, allons à elle. Meurt toute retenue sociale,* tout sentiment d'humanité, de délicatesse! (Riquet apporte papier, plumes, etc., et les pose sur l'établi de droite.) Je ne suis pas fait pour végéter dans cette misérable profession: il me faut de la richesse et toutes les jouissances qu'elle procure...** Écrivons!

RIQUET, à part, tandis que Roger écrit. Qu'est-ce donc qui lui a marché sur ses cors? Il a l'air furieux. Mauvais présage pour Mlle Geneviève. Pauvre fille!.. Elle attend que je l'appelle, et, tant que je lui verrai cette jolie petite figure-là, je n'aurai jamais...

ROGER. Riquet?

RIQUET. Présent.

ROGER. Porte cette lettre à son adresse.

RIQUET. J'avais à vous dire...

ROGER. Tu me parleras à ton retour. Dépêche-toi, ne perds pas un instant: il s'agit d'une affaire importante et très pressée.

RIQUET. J'y cours, bourg... citoyen Roger, j'y cours. (Regardant vers Geneviève.) Et elle?..

(Roger lui fait un signe impératif; il sort.)

ROGER. Allons, j'ai surmonté ma faiblesse, la lettre est partie! Bientôt le comte de Senlis sera arrêté!.. Et c'est moi!.. Non, point de souvenirs, point de remords, et poursuivons mon but. Aussitôt le comte mort, la comtesse, pour conserver sa fortune et sa vie, consentira sans peine... (Voyant le papier écrit par Riquet.) Qu'est-ce que cela? Geneviève!.. Geneviève est venue!.. (Lisant.) Motif de sa visite: la faim!.. (Geneviève paraît à la porte.) Et que m'importe, à moi?.. Je ne veux pas la voir... je ne veux pas avoir devant moi un remords vivant, une femme qui viendrait troubler ma vie par des plaintes, par des reproches perpétuels, dont la seule présence détruirait mes projets d'avenir!.. (Geneviève rentre en pleurant.) Elle est jeune, forte, active, elle peut... elle doit pouvoir gagner sa vie... partout.

SCÈNE IV.

LAMBERT, ROGER.

LAMBERT, sur le seuil de la porte. Le citoyen Roger, s'il vous plaît?

ROGER. C'est moi. (Le reconnaissant. Avec crainte.) Dieu! Lambert!

LAMBERT. Moi-même, en personne complète, mon brave ex-patron. Ça vous étonne de me voir, n'est-ce pas?.. Vous vous disiez, sans doute: « Ah ça! il est donc mort, ce gaillard-là, on ne le voit plus... » Eh ben! non, je suis vivant, tout ce qu'il y a de plus vivant; mais je vais me faire tuer pour me faire vivre.

---

* Roger, Riquet.
** Riquet, Roger.

ROGER. Comment! Je ne comprends pas...

LAMBERT. Voilà la chose. Vous m'avez dit dans le temps: « Mon ami Lambert, les travaux manquent, faut nous quitter; mais tu es un honnête garçon, un bon ouvrier, et s'il me vient un peu d'ouvrage, je te le ferai savoir. » En attendant, comme il faut satisfaire les petites routines qu'on a eu la faiblesse de laisser prendre à son estomac, j'ai cherché ailleurs, et ma bonne étoile... ne m'a rien fait trouver que de méchantes petites bricoles qui me laissaient au pain sec. Je n'ai pas voulu vous tourmenter, pensant bien que vous m'auriez rappelé vous-même, s'il y avait eu quelque chose à faire. D'un autre côté, j'évitais de voir ma bonne Geneviève, que j'aurais attristée par le récit de ma débine; enfin, ne sachant plus où donner de la tête, je me suis fait soldat, je me suis engagé, et je viens vous faire mes adieux...

ROGER. C'est bien de votre part, et votre bon souvenir me fait grand plaisir.

LAMBERT. Vous pensez bien que j'ai eu de la peine à me décider; il m'en coûtait beaucoup de renoncer à ma bonne Geneviève!.. Mais, se marier sans le sou, et avec la perspective d'une misère très prolongée... c'est triste. Et, toutes réflexions faites, j'ai pensé que dans l'état des affaires actuelles, il me serait plus facile de défendre ma patrie contre les attaques de ses ennemis, que de défendre ma femme contre les attaques de la faim... Ainsi, chargez-vous de la consoler et de lui faire oublier...

ROGER. J'ignore ce qu'elle est devenue.

LAMBERT. Comment! elle n'est plus ici?

ROGER. Non; quinze jours après votre départ, elle m'a quitté.

LAMBERT. Et pourquoi?

ROGER. Je l'ignore; je n'avais pas droit de l'interroger.

LAMBERT. Et vous ne supposez pas un motif?..

ROGER. Non, sa réputation de sagesse doit la mettre à couvert des suppositions qu'on pourrait hasarder, si...

LAMBERT, haut, à lui-même. Et depuis cette époque, elle ne m'a pas donné de ses nouvelles. Oh! je n'en puis douter... elle a cessé d'être sage, elle s'est perdue!.. Un instant suffit pour perdre une femme; elle n'a pas la force de s'arrêter, d'éviter l'abîme... Une fois éloignée de sa famille, sans guide, sans soutien, au moindre choc, elle tombe, et devient ensuite un jouet aux passions humaines!.. Pauvre Geneviève, que je la plains!.. Mais, maudit soit son séducteur!..

ROGER. Vous vous trompez, peut-être... Geneviève...

(Geneviève paraît.)

LAMBERT. Je ne la crois pas coupable, mais victime de la violence de quelque lâche suborneur!.. Oh! que ne puis-je la venger avant mon départ!..

SCÈNE V.
LAMBERT, GENEVIÈVE, ROGER.

GENEVIÈVE, se jetant dans les bras de Lambert. Merci, ami, merci!..

ROGER, à part. Tous deux ici, que dois-je craindre?..

LAMBERT. Geneviève! Ma Geneviève! c'est vous!..

GENEVIÈVE. Oui, c'est la pauvre Geneviève qui remercie son meilleur ami d'un témoignage d'estime bien doux pour son âme.

LAMBERT, bas, et lentement. Geneviève, en êtes-vous toujours digne?

GENEVIÈVE, avec larmes. Toujours! toujours!

LAMBERT, plus lentement, et avec plus d'émotion. Et si je devais encore vous épouser!.. le pourrais-je?.. (Geneviève, sans répondre, se cache la figure dans ses mains, et sanglottant.) Pauvre Geneviève, il est donc vrai, vous avez été victime d'un crime odieux! et vous n'êtes pas venue me confier vos douleurs... vous avez craint mes reproches, vous avez douté de mon cœur!

GENEVIÈVE. Jamais! jamais!.. Moi, douter de vous!.. non, non... Mais, je n'osais plus reparaître; flétrie à vos yeux, je voulais mourir!.. Et maintenant...

LAMBERT. Geneviève, une dernière question... Vous avez fui la maison de votre maître, de ce bon M. Roger, dont la bienveillance pour vous s'est manifestée tant de fois; lui qui eût été pour vous un second père... Pourquoi? Répondez?

GENEVIÈVE. Ah! mon Dieu! mon Dieu!

LAMBERT. C'est la seule faute que je vous reproche... Geneviève, votre malheur pourrait vous excuser; cependant le malheur ne doit point rendre ingrat... Je vais partir, je vais aller chercher une mort glorieuse sous le drapeau de la nation, et jusqu'à mon dernier soupir je ferai des vœux pour votre bonheur!.. Mais, avant de quitter ces lieux, nommez-moi votre séducteur, et votre vengeance ne se fera pas attendre!..

GENEVIÈVE. Quoi? vous voulez...

LAMBERT. Son nom?..

GENEVIÈVE. Oh! ne me le demandez pas!

LAMBERT. Pourquoi?

GENEVIÈVE. Je ne puis vous le dire.

LAMBERT. Vous l'aimez donc?

GENEVIÈVE. Lui!.. Oh!..

LAMBERT. Eh bien?

GENEVIÈVE, prenant Lambert par la main, et l'amenant sur l'avant-scène. Bas. Je ne puis pas vous livrer le père de mon enfant!..

ROGER, à part. Que lui dit-elle?.. Je tremble!..

GENEVIÈVE. J'ai une prière à adresser à M. Roger, laissez-moi un instant seule avec lui, puis vous viendrez recevoir les adieux de la pauvre Geneviève.

LAMBERT, en sortant. Malheureuse!.. (Se retournant au fond.) Malheureuse!..

SCÈNE VI.
GENEVIÈVE, ROGER.

ROGER, à part. Elle ne lui a rien dit, je respire!..

GENEVIÈVE. M. Roger voudra-t-il m'entendre un instant...

ROGER. Que me voulez-vous, parlez?..

GENEVIÈVE. Je ne veux pas vous reprocher l'horrible violence à l'aide de laquelle vous vous êtes rendu criminel envers moi... Je cherche à l'oublier; mais je veux vous dire en quel état de misère vous m'avez réduite... Depuis le jour où vous avez cru nécessaire de m'éloigner de vous, depuis le jour où vous m'avez chassée d'ici pour vous soustraire à mes reproches et à mes larmes, j'ai couru toutes les maisons de la capitale pour chercher du travail... je n'en ai pas trouvé... Désespérée, j'ai voulu me donner la mort; un sentiment involontaire m'a retenue... Depuis, j'ai reconnu que c'eût été un crime!.. Alors, je fus obligée, pour vivre, de vendre pièce à pièce, à vil prix, le peu d'effets que j'avais amassés par mon travail... Mais bientôt tout fut épuisé, et pas encore d'ouvrage!.. Je me trouvais livrée aux horreurs de la faim!.. je l'ai supportée longtemps, mais je ne le puis plus aujourd'hui, et je viens vous supplier de ne pas me laisser mourir!..

ROGER. Que voulez-vous?.. un secours?.. C'est tout ce que je puis faire dans cette circonstance.

GENEVIÈVE. Ce n'est pas l'aumône que je vous demande, Monsieur!..

ROGER. Quoi donc, alors?..

GENEVIÈVE. Je demande à reprendre chez vous la place de servante que j'y occupais autrefois... (Mouvement de Roger.) Oh! ne craignez plus mes pleurs, ni mes plaintes; je suis résignée... Tout ce que je désire, c'est de vivre chez vous, et d'y gagner ma subsistance par mon travail jusqu'au jour... où je pourrai trouver... et accepter une autre place... Et je vous jure que vous n'entendrez sortir de ma bouche ni plaintes, ni reproches; que mes yeux n'exprimeront aucun regret et ne répandront aucune larme... Je vous le répète, je suis résignée... Je ne veux pas même de gages... Ce que je veux, c'est la vie... ce que je demande, c'est de ne pas souffrir le besoin!.. Consentez-vous?..

ROGER. Eh bien! logez-vous où vous voudrez, mais ailleurs que chez moi, et je vous enverrai tout ce qui vous sera nécessaire.

GENEVIÈVE. Non, vous m'oublieriez peut-être, et je souffrirais l'attente ou l'oubli, et je serais obligée de venir vous prier de nouveau; non, non, c'est ici que je veux être!..

ROGER. Cependant, il n'est pas convenable que chez moi...
GENEVIÈVE. Il fallait y penser avant mon déshonneur !.. Mais songez que si vous me refusez, Lambert va revenir... et que je puis d'un mot...
ROGER. On n'obtient rien de moi par la menace, et il est fâcheux pour vous qu'au moment où j'allais céder à vos prières...
GENEVIÈVE. Oh! pardon, pardon !.. oubliez cette inconséquence... Voyez-vous, le malheur me rend folle !.. Et puis, je ne l'aurais pas exécuté, cette menace... je ne vous veux pas de mal, moi... Pardon ! pardon !
ROGER. Je vous pardonne et je vous reçois !.. Souvenez-vous de cette preuve de bonté, et songez à tenir vos promesses.
GENEVIÈVE. Je vous le jure !..
ROGER, à part. Lorsque Lambert sera loin, je saurai bien m'en débarrasser...

(On entend un bruit de voix.)

GENEVIÈVE, au fond. Ah! mon Dieu! quel est ce bruit?.. Qu'y a-t-il, Lambert?..

SCÈNE VII.

GENEVIÈVE, LAMBERT, LA COMTESSE, ROGER.

LAMBERT. Ce n'est rien, c'est fini.
GENEVIÈVE. Mme la Comtesse !..
LA COMTESSE. Ma bonne Geneviève, vous voilà de retour... Je suis satisfaite de vous revoir...
ROGER. Mme la Comtesse aurait-elle couru quelques dangers?..
LA COMTESSE. J'étais l'objet des cris et des huées de la population, lorsque le brave Lambert est venu me délivrer.
ROGER. Que n'ai-je pu me joindre à lui pour vous donner une nouvelle preuve de mon dévouement.
LAMBERT. Oh! ça n'a pas été long ni difficile... Je me promenais dans la rue pendant votre conversation, lorsque j'aperçois de loin une bande de très-jeunes criards qui poursuivaient une dame... Je cours, et je reconnais Mme la Comtesse, chez laquelle j'ai déjà travaillé, et qui s'est toujours montrée si bonne pour moi.. « Halte là! ai-je dit à ces mauvais drôles; silence !.. Savez-vous qui vous insultez ainsi?... La bienfaitrice des ouvriers, la providence des indigens du quartier !.. Le premier de vous qui ajoute un mot, qui profère un cri ou fait entendre une nouvelle injure, je l'assomme !.. » Ils se sont tus, et j'ai pris sans façon le bras de Mme la Comtesse pour la reconduire... Mais, comme quelques-uns de ces mauvais sujets nous ont peut-être suivis de loin, et pour que l'hôtel de Senlis ne soit point remarqué par les malveillans, j'ai prié Mme la Comtesse d'entrer ici jusqu'à nouvel ordre.
LA COMTESSE. Mon ami, croyez que ma reconnaissance...
LAMBERT. Ah! Madame, par exemple, ça n'en vaut pas la peine.
GENEVIÈVE. Souffrez que je vous témoigne aussi toute ma satisfaction... Obliger Mme la Comtesse, c'est me faire à moi-même le plus grand plaisir...
LA COMTESSE. Merci, M. Roger... Je vous sais gré du zèle, de l'intérêt que vous montrez, en toute circonstance, pour tout ce qui a rapport à ma famille... je n'oublierai rien de tous ces dévouemens qui me sont si chers !..
ROGER. Si Mme la Comtesse désire rentrer chez elle maintenant, j'oserai lui conseiller de revêtir pour un instant les habits de Geneviève, ce qui l'empêcherait d'être reconnue.
LA COMTESSE. C'est une prudente pensée, et je vais la mettre à exécution... Vous consentez, Geneviève?
GENEVIÈVE. Je suis tout à vous, Mme la Comtesse.
LA COMTESSE. Eh bien! venez changer avec moi.

(Elles entrent dans la chambre.)

SCÈNE VIII.

ROGER, LAMBERT; puis, RIQUET.

ROGER, à part. Riquet tarde bien à revenir !
LAMBERT. Voilà une famille pour laquelle je me jetterais dans le feu !
ROGER. Ils le méritent bien... Je n'oublierai jamais que c'est à leurs secours et aux travaux qu'ils m'ont donnés que je dois la petite aisance dont je jouis aujourd'hui.
LAMBERT. Oublier de tels services, de tels bienfaits, serait une lâcheté, une perfidie, et vous êtes un honnête homme, vous, M. Roger. Mais, dites-moi... Geneviève...
RIQUET, accourant.* Me voilà de retour, bourg... citoyen Roger... La commission est faite; le comité...
ROGER. C'est bien... silence!
RIQUET, à part. Il faut pourtant que je lui rende compte de ma commission.

(Il saute et s'assied sur un établi.)

ROGER, à Lambert. Geneviève m'a raconté, à moi seul, les détails pénibles de ses malheurs.
RIQUET, jouant avec des morceaux de bois. Qu'est-ce qu'il y avait donc dans votre lettre, bourg... citoyen ? Ça les a mis tout sens dessus dessous !
ROGER, impatienté. Veux-tu te taire et ne pas m'interrompre... Va-t'en !
RIQUET, à part. Où ? Dehors ?.. Je veux bien.
ROGER, à Lambert. Ces détails qui vous auraient trop affligé m'ont convaincu de son innocence, et, cédant à ses prières, j'ai consenti à la reprendre.
RIQUET, à part. Qui ça? mamzelle Geneviève? Oh! quel bonheur ! Elle est si bonne! Je l'aime tout plein, moi ! (Il s'approche de Lambert en se

* Riquet, Roger, Lambert.

baissant et lui prend la main.*) Bonjour, M. Lambert... Ça va bien?
LAMBERT. Merci, mon ami, merci. (A Roger.) Je vous la recommande, M. Roger... Veillez sur son avenir, ce sera une bonne œuvre; pour moi, de toute façon, devenant militaire, je ne pouvais plus prétendre à elle, mais je serai heureux de la savoir heureuse!
RIQUET. Comment, vous êtes soldat, M. Lambert?.. Vous partez?..
LAMBERT.** Oui, mon ami, je pars.
RIQUET. Ah ben! avant de partir, vous allez voir quéque chose de drôle... Vous allez voir arriver tout à l'heure...
ROGER, avec colère. Mais, tais-toi donc, maudit bavard! où je vais te...
RIQUET. Je me tais... je me tais. (A part.) Il y a quelque mauvais coup sous jeu, l' bourgeois m'impose silence!..
ROGER, à Lambert. Soyez tranquille, mon ami, je lui servirai de père.
RIQUET, au fond. Les voilà! les voilà!.. Oh! les vilaines figures!..
LAMBERT, allant au fond. Quoi donc? Que se passe-t-il encore?
ROGER.*** Je l'ignore.
RIQUET, à part. Il dit qu'il l'ignore!.. (Haut.) Tenez, la rue s'emplit de vilaines têtes... Les soldats veulent entrer dans l'hôtel de Senlis...

(On entend un bruit de voix.)

LAMBERT. Dans l'hôtel... (Courant au fond.) Oui, il est trop vrai! le comte est perdu!.. On l'a dénoncé, sans doute! Sauvons-le, M. Roger! sauvons-le!
ROGER. Oui, sauvons-le!.. Mais comment nous opposer à cette foule, aux soldats qui, sans doute, ont reçu des ordres rigoureux?
LAMBERT, regardant au-dehors. La porte reste fermée, mais ils l'auront bientôt enfoncée!.. Comment le sauver, mon Dieu?.. Comment l'arracher au danger qui le menace?.. Dans un instant, il sera trop tard... Que faire?.. que faire?..

SCÈNE IX.

LAMBERT, au fond; ROGER, GENEVIÈVE et LA COMTESSE, ayant changé d'habits, RIQUET.

LA COMTESSE. M. Roger, sauvez mon époux, sauvez-le! on assiége notre hôtel!.. Il est perdu, si vous ne le secourez!
ROGER. Mme la Comtesse, vous connaissez mon dévouement... je voudrais donner mon sang pour votre époux; mais comment imposer à cette multitude! comment empêcher les soldats d'exécuter les ordres qu'ils ont reçus?..
LA COMTESSE. Et mon enfant, mon fils!..
GENEVIÈVE. Ah! ils sont sauvés!.. J'ai remar-

* Roger, Lambert, Riquet.
** Roger, Riquet, Lambert.
*** Lambert, Riquet, Roger.

qué autrefois dans la cave une vieille porte qui doit communiquer dans les caves de l'hôtel... peut-être pourrons-nous l'ouvrir...
RIQUET. Attendez!
(Il prend un valet, une barre de fer, un marteau, etc.)
LAMBERT. Bien, bien, Geneviève! Guidez-moi... Je réponds du Comte! M. Roger, veillez sur Mme la Comtesse?
(Geneviève sort à droite; Lambert la suit.)
RIQUET, chargé d'outils. En avant dans la cave!.. Marche!.. Ran, plan, plan, plan, plan, rran, rran, plan, plan!..

(Il sort.)

SCÈNE X.

ROGER, LA COMTESSE.

LA COMTESSE. Voyez, M. Roger, voyez ce qui se passe au-dehors... Je meurs d'inquiétude et de crainte! Mon époux! mon fils!..
ROGER, au fond. Les soldats enfoncent la porte de l'hôtel... elle est prête à céder...
LA COMTESSE. Grand Dieu!.. Lambert pourra-t-il réussir?.. Et s'il pénètre dans l'hôtel, trouvera-t-il le Comte assez tôt pour le sauver?.. Quelle angoisse, mon Dieu!.. quelle terrible anxiété!..
ROGER. Disposez de moi, Mme la Comtesse... Je suis prêt à tout ce que vous daignerez m'ordonner. Aucun sacrifice, aucun péril ne m'arrêtera.

(On entend un bruit de voix.)

LA COMTESSE.* Merci, mon ami, merci. Voyez encore au-dehors.
ROGER, au fond. La porte va céder... elle cède... Les soldats envahissent l'hôtel!
LA COMTESSE. Ah! la force m'abandonne! je vais mourir!.. Secourez-moi, mon Dieu!.. Ayez pitié d'une mère qui vous implore pour son fils et son époux!.. (Elle est prête à s'agenouiller, lorsqu'elle voit son mari entrer.) Ah!!!!!....

(Elle se jette dans ses bras et s'évanouit.)

SCÈNE XI.

LA COMTESSE, GENEVIÈVE, LE COMTE, LAMBERT, ROGER, RIQUET.

RIQUET, portant l'enfant dans ses bras. Embrassez-moi, Monsieur, et ne faites pas la grimace. (L'enfant lui pince le nez.) Aïe! aïe! tu me fais mal!..
LE COMTE, après avoir posé sa femme évanouie sur un siége. Mes amis, M. Roger, nous n'avons pas un instant à perdre!.. Je vais fuir, m'exiler! Lambert, (Il lui prend la main.) je vous dois la vie! M. Roger, vous êtes chef de section, faites-moi un laisser-passer. (Roger écrit.) Vous remettrez ce portefeuille à la Comtesse, j'en emporte

* La Comtesse, Roger.

un semblable... Veillez sur elle, sur mon enfant... Je vous autorise à tout ce que vous jugerez nécessaire au bien de ma famille... Bientôt, je vous écrirai sous un nom supposé.... C'est en vain que j'ai voulu rester dans ma patrie, le destin m'en arrache !.. Estelle ! ma femme ! mon épouse ! adieu !.. (Il l'embrasse.) Elle reprend ses sens, je veux me dérober à ses pleurs !.. Mon fils ! mon enfant !.. (Il l'embrasse.) Aime bien ta mère !.. Mes chers amis !.. Adieu ! adieu !..

(Il sort par le fond.)

LAMBERT, le suivant. Je vais l'accompagner jusqu'à ce qu'il soit hors de danger.

(Il sort par le fond.)

SCÈNE XII.

GENEVIÈVE, LA COMTESSE, L'ENFANT, RIQUET, ROGER.

LA COMTESSE, revenant à elle. Où est le comte ?.. Mon époux !..

GENEVIÈVE. Il est parti, Madame ! il s'éloigne pour sauver ses jours.

LA COMTESSE. Je ne le verrai plus !.. (Prenant son enfant dans ses bras.) Mon enfant !.. mon fils !..

GENEVIÈVE. Prenez courage, Madame... ce n'est qu'une absence... Quelques instans plus tard, c'était la mort !

LA COMTESSE. Oui, oui, il est sauvé !

ROGER, à Geneviève et à Riquet. Laissez-nous seuls.

(Ils sortent et emmènent l'enfant en jetant des regards inquiets sur Roger.)

SCÈNE XIII.

LA COMTESSE, ROGER.

ROGER. Mme la Comtesse, votre époux est sauvé ! Bientôt, peut-être, la tempête révolutionnaire s'apaisera, et alors vous reverrez M. le Comte... Mais il vous reste un grand devoir à remplir : il faut vous conserver vous-même à votre enfant, à votre époux, et leur garder intacts la fortune et les biens qu'ils doivent à leur naissance, à leur famille ! Ne pensez pas que les recherches révolutionnaires se bornent à votre hôtel... Ils vous poursuivront partout ! Si vous leur échappez, ils s'empareront de vos biens et les vendront au profit de l'État... S'ils peuvent vous saisir, vous subirez le sort qu'ils réservaient à M. le Comte ; dans les deux cas, votre fortune et celle de votre époux seront perdues pour votre enfant, et je viens vous proposer un moyen de prévenir tous ces malheurs !

LA COMTESSE. Disposez de tout, M. Roger ; j'ai confiance en vous, vous le savez ; j'approuverai tout.

ROGER. Votre confiance m'honore, et votre approbation m'est nécessaire ; mais cela ne suffit pas, et j'ai besoin de votre coopération.

LA COMTESSE. Mon Dieu ! c'est à peine si j'ai la force de supporter ma douleur... cependant, parlez, Monsieur, que dois-je faire ?

ROGER, avec hésitation. Il vous faut user de la nouvelle loi du divorce, en demander un entre vous et M. le Comte.

LA COMTESSE, se levant. Moi ! ah ! jamais !.. plutôt mourir !..

ROGER. Je n'ai pas tout dit, et Mme la Comtesse ne connaît pas encore le but de mon projet...

LA COMTESSE. Achevez, Monsieur, achevez !..

ROGER. Ce divorce, pour nous, ne sera rien moins que réel, non plus que le mariage qui devra le suivre...

LA COMTESSE. Un mariage, dites-vous ?..

ROGER. Ne vous alarmez pas ainsi, Madame ; tout cela, pour nous, je vous le répète, n'aura rien de sérieux... et à la fin de la crise révolutionnaire dont nous souffrons, ce faux divorce et ce mariage supposé seront anéantis... D'ailleurs, pour rassurer votre âme, sachez que c'est moi qui me charge, aux yeux de la loi seulement, de remplacer votre époux...

LA COMTESSE. Non, Monsieur, non !.. Je ne sais pourquoi... votre projet me fait frémir, je n'ose plus lever les yeux sur vous... Il me semble que l'estime, que la confiance que j'avais en vous se transforment tout-à-coup en terreur ! en effroi !.. en horreur, même !.. Cherchez, Monsieur, cherchez bien, il doit exister une autre voie de salut... Renonçons à celle-là, elle m'épouvante !..

ROGER. Hélas ! Madame, je voudrais pouvoir dissiper vos craintes !.. D'un instant à l'autre, on peut s'emparer de vos biens et vous faire périr ! Moi, qui ne veut que votre salut et celui de cet enfant qui serait livré à la misère et à l'isolement !.. je vous conjure pour vous, pour votre fils et au nom de votre époux... de ne point douter de mon dévouement et de vous confier entièrement à l'homme qui vous doit tout et qui se donnerait la mort plutôt que de manquer jamais à la reconnaissance et au respect qu'il vous doit.

SCÈNE XIV.

LA COMTESSE, LAMBERT, ROGER.

LAMBERT. Monsieur le Comte ne court plus aucun danger ; déguisé des pieds à la tête, il roule vers la frontière ; mais j'ai une mauvaise nouvelle à vous annoncer. Les soldats qui ont fait perquisition dans l'hôtel, irrités de n'avoir rien découvert, visitent en ce moment toutes les autres maisons de la rue... Ils se dirigent de ce côté... (Bruit de voix.) Ah ! Madame, puissent-ils ne pas vous reconnaître !..

ROGER, se rapprochant de la comtesse. Hésitez-vous encore, Madame ?

LA COMTESSE. J'espère en Dieu...

PEUPLE, au dehors. A bas, les aristocrates !..

SCÈNE XV.

Les Mêmes, un Représentant, Peuple, Gardes ; puis, RIQUET, GENEVIÈVE.

LE REPRÉSENTANT, au fond. Citoyen Roger, je te somme, au nom de la patrie, de nous déclarer si l'ex-comte de Senlis, accusé de complot contre la république, ne s'est point réfugié chez toi?

ROGER. Au nom de la république et au nom de l'honneur, je jure que l'ex-comte de Senlis n'est point dans ma maison.

LE REPRÉSENTANT. Nous connaissons ton civisme, il suffit.

(Geneviève et Riquet entrent.)

RIQUET. Qu'est-ce qu'ils viennent faire ici, tous ces laiderons-là?

GENEVIÈVE. Qu'y a-t-il donc?..

LE REPRÉSENTANT. Quelle est cette femme?..

UN HOMME DU PEUPLE, d'une voix rauque. C'est une aristocrate!..

UN AUTRE, de même. C'est l'ex-comtesse, je la reconnais.

LAMBERT. Non, non... Vous vous trompez!..

ROGER, arrêtant Lambert. Silence, ou vous les perdez toutes deux!..

LE REPRÉSENTANT. Citoyen Roger, réponds, quelle est cette femme?

ROGER, après une pause. C'est la comtesse.

LA COMTESSE, bas, à Roger. Que faites-vous?..

ROGER, de même. Je vous sauve, Madame!..

LE REPRÉSENTANT, aux soldats. Qu'on l'arrête!..

ROGER. Je réponds de cette femme, elle est étrangère à tous les complots.

LE REPRÉSENTANT. Je dois exécuter mes ordres ; cependant tu seras appelé pour faire valoir sa justification.

GENEVIÈVE, bas, à Roger. Il faut que vous me sauviez, Monsieur, car bientôt je serai mère!..

LE REPRÉSENTANT, à Geneviève. Marchez!..
(On emmène Geneviève; tout le peuple la suit.)

LA FOULE. A bas les aristocrates!..

RIQUET. Pauvre Geneviève!..

SCÈNE XVI.

LAMBERT, LA COMTESSE, ROGER, RIQUET.

LA COMTESSE, à Roger. Pourrez-vous la sauver?

ROGER. Cela dépend de vous, Madame ; il faut que je puisse dire aux représentans : « Cette femme n'est que ma servante, et l'ex-comtesse est mon épouse... »

LAMBERT. Comment! votre épouse, madame la comtesse!..

ROGER. Oui, j'ai proposé à Madame la comtesse un mariage simulé pour sauver sa vie et ses biens. (La comtesse fait un mouvement de répulsion.) Et si elle accepte, je vous prends à témoin, Lambert, devant elle, du serment que je fais de respecter, d'honorer et de conserver toujours pures l'épouse et la fortune de mon bienfaiteur.

LAMBERT. Je retiens votre serment, Monsieur Roger, n'y manquez jamais!..

LA COMTESSE. Et Geneviève sera libre?..

ROGER. Je vous le jure!..

LA COMTESSE, après avoir consulté Lambert du regard. J'accepte!..

ROGER, à part. A moi, la fortune!...

LA COMTESSE, à elle-même. Il fallait sauver Geneviève!..

LAMBERT, remontant au milieu. Adieu, je vais combattre les ennemis de la France !

RIQUET. Il a tout observé, et dit avec regret : Oh ! si j'osais dire ma petite façon de penser !..

FIN DU PROLOGUE.

ACTE I.

Le théâtre représente un jardin, fermée au fond par une grille. A droite, au troisième plan, pavillon de concierge, en saillie. A gauche, grande entrée d'habitation. Perron, banc de jardin, chaises, etc.

SCÈNE I.

JULIE, ALBERT.

ALBERT, portant un bouquet. Mademoiselle Julie, oserai-je vous offrir ces fleurs que je viens de cueillir moi-même à votre intention ?

JULIE, descendant du perron. Oh ! qu'elles sont jolies, plus belles encore que celles d'hier. Monsieur Albert, je vous remercie, j'aime tant les fleurs!.. et surtout celles que vous m'apportez... (Se reprenant.) Vous les choisissez avec goût, et elles sont toujours d'une fraîcheur!..

ALBERT. Pourtant elles pâlissent devant vous!

JULIE. Ah!.. Monsieur Albert, j'ai une confidence à vous faire.

ALBERT. Parlez, Mademoiselle, parlez; je serai trop heureux de vous entendre.

JULIE. Maman m'a ordonné de ne plus écouter à l'avenir les discours, les mots aimables dont vous m'entretenez toujours. Elle m'a priée de ne me plus trouver seule avec vous.

ALBERT. Et pourquoi donc cela ? Le savez-vous ?

JULIE. Je n'ai pas pensé à le lui demander, je n'ai songé qu'à lui obéir.

ALBERT. Sans doute, c'est votre devoir; mais moi, n'ayant pas reçu d'ordre, de prière, de ma mère, ni de la vôtre...

JULIE. C'est à quoi j'ai réfléchi ensuite; je me suis dit : Ce n'est pas moi qui fais des galanteries à monsieur Albert, c'est donc à lui, et non à moi que maman aurait dû faire la défense... mais il est bon et il ne voudra pas me faire désobéir à ma mère !..

ALBERT. Oh! non, sans doute ; au contraire, je vous rappellerai moi-même, et souvent, que vous devez toujours fermer l'oreille aux douces pensées que votre vue fait naître en mon cœur.

JULIE. Encore... Monsieur Albert, je vous en prie, cessez de tels discours...

ALBERT, l'imitant. Mademoiselle Julie, je vous en prie, cessez de me les inspirer.

JULIE. Ne pouvez-vous parler d'autres choses?..

ALBERT. Oh! si c'est vraiment là votre désir, Mademoiselle, je m'y soumettrai...

JULIE. A la bonne heure.

ALBERT, d'un ton grave. L'armée française fait toujours des prodiges de valeur. Dernièrement, un général ayant ordonné un mouvement rétrograde pour tromper les observations de l'armée ennemie... Vous ne m'écoutez pas ?..

JULIE. Si! mais je ne comprends pas grand' chose aux opérations militaires.

ALBERT. Eh bien! passons à un autre sujet de conversation...

JULIE. C'est cela.

ALBERT. Le conseil d'état vient d'être appelé à résoudre une haute question, qui se rattache à la restauration et à la réédification des monumens publics ; un orateur a particulièrement fixé l'attention du conseil par les observations suivantes... (Julie ennuyée traverse le théâtre; Albert la poursuit.) Suivez bien avec moi les savantes observations monumentales de cet homme d'état...

JULIE s'arrête et se retourne vers lui. * Est-ce bien long ?

ALBERT. Non, pour vous mettre au courant de cette grave affaire, il suffira d'une petite heure... L'orateur s'attache d'abord à démontrer au conseil...

JULIE. Pardon, pardon, Monsieur Albert, dans l'espace d'une heure, nous pourrions être interrompus, il vaut mieux ne pas commencer.

ALBERT. Avouez plutôt que tout cela vous ennuie, car à nos âges les entretiens sérieux ne sont pas encore de saison ; notre jeune pensée se dirige d'elle-même vers les doux sentimens de l'amitié et de la tendresse; ne livrons donc pas la guerre aux mouvemens de nos cœurs, ils sont plus forts que ceux de notre raison naissante...

JULIE. Et cependant de tristes préoccupations viennent souvent m'affliger... Le mystère dans lequel je vis... le soin que l'on met à me cacher le nom de mon père et le secret de ma naissance, tout cela m'inquiète parfois et me rend bien sérieuse. Je n'ose pas interroger ma mère, elle si bonne et qui m'aime autant que je l'aime ; je crains de l'affliger, je ne me pardonnerais pas de lui causer quelque chagrin.

ALBERT. Et moi, Mademoiselle, n'ai-je pas aussi mes sujets d'inquiétude ? Je sais que ma mère à l'époque de la révolution, fut obligée d'épouser un homme indigne d'elle et dont elle s'est séparée immédiatement pour venir se renfermer dans cette campagne; je sais que le comte de Senlis, mon père, est mort ! Mais ma mère a d'autres sujets de chagrin qu'elle me cache, que je n'ai pas encore pu pénétrer, et cela me rend aussi bien triste quand j'y pense ; ma pauvre mère ! elle mérite pourtant bien d'être heureuse !...

JULIE. Je crois que notre concierge doit être au courant de tout ce qui s'est passé, car il a connu ma mère et madame la comtesse pendant la révolution. Si nous pouvions, par lui, savoir quelque chose...

ALBERT. J'en doute : j'ai déjà plusieurs fois essayé de le questionner, mais il est resté muet, je n'ai pu rien apprendre, et je me suis dit : «Sans doute nos parens ont de graves motifs pour nous cacher ainsi leurs secrets, ne cherchons plus à les pénétrer, attendons qu'ils nous jugent assez raisonnables pour nous les confier... »

―――

SCENE II.
ALBERT, GENEVIÈVE, JULIE.

GENEVIÈVE, à sa fille, avec bonté. Julie, ma fille ! encore?

ALBERT. Oh ! madame Geneviève, ne la grondez pas, elle n'est restée un instant avec moi que pour me communiquer l'ordre qu'elle a reçu de vous !

GENEVIÈVE, à sa fille. Tu as un fort joli bouquet, ma fille ; donne-le-moi ?

JULIE, peinée et indécise. Maman!.. le voilà !

GENEVIÈVE. M. Albert, je désire avoir avec ma fille un moment d'entretien.

ALBERT. Je me retire, Madame Geneviève. (Bas, à Geneviève.) * Ne la grondez pas.

(Il sort.)

GENEVIÈVE, s'asseyant. Viens t'asseoir près de moi, ma fille. (Julie s'assied près de sa mère.)** Je t'ai fait il y a quelques jours une recommandation relative à tes entretiens fréquens avec Monsieur Albert; depuis, j'ai pensé, et tu m'as toi-même donné lieu de reconnaître que, pour en comprendre l'importance, il était nécessaire que tu en connusses les motifs. Ma fille ! je n'ai que toi sur la terre, à toi toute ma tendresse, à toi tout mon amour ! Mais, après toi, il est une personne qui a des droits sacrés à ma reconnaissance et à mon attachement. Madame la comtesse, qui, bravant les volontés de.. son se-

Albert, Julie.

* Geneviève, Albert, Julie.
** Geneviève, Julie.

cond époux, m'a recueillie chez elle lorsque je te portais encore dans mon sein, et qui depuis n'a plus voulu me séparer d'elle ! Je lui dois le repos et le bien-être dont nous jouissons ici ; tu lui dois les soins qui ont entourés ton enfance, l'éducation, l'instruction qui, je l'espère, formeront ton esprit et ton cœur, et cependant te voilà prête à la payer d'ingratitude !

JULIE. Moi ! ma mère ?

GENEVIÈVE. Tu es jeune, ma fille, et tu ne comprends pas que cette liaison, qui n'est aujourd'hui qu'une sympathie d'enfant, peut devenir un attachement sérieux ; alors, qu'arriverait-il ?.. Albert est noble et riche, il n'épousera qu'une personne de sa condition et de sa fortune... Toi, que peux tu lui offrir, en échange de ses biens et de son nom, ta pauvreté et le mystère de ta naissance !.. car jamais tu ne connaîtras le nom de ton père !..

JULIE, pleurant. Ma mère !..

GENEVIÈVE. Mon enfant ! pardonne-moi les pleurs que je te fais répandre, mais il faut que tu connaisses l'infortune de ton destin, pour nous préserver de nouveaux malheurs. Maintenant, tu sais que mon existence, mon repos, ma vie, sont désormais liés aux bontés de Madame de Senlis. Eh bien ! je te le déclare, si je voyais naître entre Monsieur Albert et toi un amour que vos destinées différentes ne doivent point permettre, je n'hésiterais pas un instant à me séparer de Madame la comtesse, à fuir avec toi cette maison bénie, préférant me faire accuser d'indifférence, d'ingratitude, plutôt que de causer des chagrins sérieux et d'encourir des reproches plus graves de la part de ma bienfaitrice.

JULIE. Oh ! je vous obéirai, ma mère ! je fuirai Monsieur Albert, je ne le verrai plus !..

(Geneviève et Julie se lèvent.)

GENEVIÈVE. Bien ! ma fille, bien ! je compte sur ton amour pour moi, et sur ta reconnaissance pour Madame la comtesse...

SCÈNE III.

LES MÊMES, RIQUET ; puis, LAMBERT.

RIQUET, en garde-chasse. Serviteur la compagnie. Ne vous dérangez pas : ce n'est que moi, pas plus, sans compter les bêtes qui garnissent ma carnassière.

GENEVIÈVE. Déjà de retour, Monsieur Riquet ?

RIQUET. Déjà !.. Si vous saviez ce que je rapporte, vous ne me diriez pas : Déjà !..

JULIE. Au contraire, plus vous rapportez de gibier, et plus on doit être étonné de votre promptitude.

RIQUET. Du gibier !.. ah ! oui... oh ! j'en rapporte une bonne provision ; j'ai particulièrement une demie-douzaine de petits perdraux qui feront bien plaisir à Madame la comtesse, mais j'ai encore autre chose qui n'est pas aussi tendre, et qui fera bien plaisir tout de même à quelqu'un...

JULIE. Quoi donc ?

RIQUET. Oh ! ça c'est pas pour vous, Mamzelle, ces lapins-là ont des trop longues moustaches pour les petites filles.

GENEVIÈVE. Dites-nous donc, enfin, ce que c'est...

RIQUET. Avant de vous le dire, il faut que je vous raconte comme je l'ai attrapé. (Julie cherche à voir dans le carnier.) Je traversais la plaine pour gagner la grand'route à un endroit où se trouve une auberge, car j'avais une soif... quand j'aperçois un militaire qui s'en allait clopin, clopant en fumant sa pipe. Je me dis : « Tiens, mais... v'là un gaillard qui ne doit pas bouder sur le rafraîchissement rogomique que je me propose d'étourdir. Moi, qui n'aime pas boire seul, et qui aime surtout à parler bataille, ça faisait mon affaire, alors je l'appelle, je lui fais des signes... mais mon grognard ne m'entendait pas, ne me voyait pas... et il continuait sa route !.. Vexé d'être obligé de boire seul, et pour en venir à mon honneur, je tire en l'air un coup de fusil. Aussitôt voilà mon troupier qui se retourne comme un sanglier blessé !.. Moi, je lui fais signe de nouveau ; il me voit, il m'attend. j'arrive, je le regarde, et je reconnais... Devinez ?..

GENEVIÈVE. Qui ? Achevez donc ?..

RIQUET. Lambert !

GENEVIÈVE. Lambert ?..

RIQUET. Lui-même, qui après avoir conquis une douzaine de bonnes blessures, vient d'être nommé par le ministre de la guerre, pensionnaire interne de l'hôtel impérial... des Invalides, où il se rend en ce moment.

GENEVIÈVE. Lambert ! Où est-il, Riquet ? Où est-il ? je veux le voir !..

RIQUET. Vous le verrez tout à l'heure ; avant de le présenter, j'ai voulu savoir si ça ne ferait de peine à personne.

GENEVIÈVE. Lambert ! lui qui m'a coûté tant de regrets et de larmes, lui que je croyais mort ! il vit, il est ici !.. Mais courez donc, Riquet ? amenez-le... Oh ! merci, mon Dieu (Riquet remonte, il fait signe à Lambert et le fait entrer.) tu devais bien ce moment de joie à la pauvre mère désolée !

JULIE. Maman, serait-ce mon père ?

GENEVIÈVE, suffoquée. Ton père !.. (Avec grande douleur.) Ah ! malheureuse enfant ! que me demandes-tu ?.. Non, ma fille, il n'est pas ton père.

(Lambert s'est approchée.)

LAMBERT, en sergent de grenadier de la garde impériale*. Il le deviendra peut-être.

GENEVIÈVE, se jetant dans ses bras**. Ah ! Lambert !

RIQUET, à part. Je pleure comme un jeune quadrupède.

LAMBERT, très ému. Allons, remettez-vous, Geneviève, ce n'est pas le moment de se désoler.

RIQUET, pleurnichant aussi. Ne faites pas at-

* Geneviève, Julie, Lambert, Riquet.
** Julie, Geneviève, Lambert, Riquet.

tention, Monsieur Lambert, mame Geneviève en a l'habitude.

LAMBERT. Corbleu! je la lui ferai perdre; il n'y a rien de malsain comme le chagrin, surtout pour les femmes, parce qu'elles n'ont pas comme nous le procédé du trois-six pour lui brûler la politesse; étant conscrit, j'ai eu long-temps le cœur gros de m'être séparé de vous; je me disais quelquefois, en pleurnichant aussi, j'ai eu tort de partir, j'aurais dû dénicher le péquin... lui faire passer l'arme à gauche, et garder ma Geneviève...

GENEVIÈVE, à sa fille. Julie, ma fille, monte chez madame la comtesse, et annonce lui l'arrivée de Monsieur Lambert.

JULIE*. J'y vais, maman.

LAMBERT, arrêtant Julie. Un instant, ma belle petite, je ne vous ai pas encore payé ma bienvenue; vous êtes gentille à croquer... Oh! n'ayez pas peur, je n'en ferai rien (Il l'embrasse.) et de l'autre côté, là.. Au revoir, mon bon petit ange du ciel! (Elle sort.) Elle est charmante, cette enfant-là. (A part.) Quel dommage que ce soit un scélérat que ce soit qui sui... (Il se frappe sur la poitrine.) S'il ne vaudrait pas mieux... Enfin... (Il s'assied au milieu.) Ah ça! vous devez avoir du nouveau à m'apprendre? Voyons, contez-moi vos petites affaires...

GENEVIÈVE**. Mon ami! tout ce que nous avons à vous dire est tellement triste, qu'il vaut mieux attendre, vous le saurez toujours assez tôt.

LAMBERT. Ah! sacrebleu! tant pis... Et vous, Riquet, vous êtes devenu garde-chasse.

RIQUET. Garde-chasse, concierge, factotum général, indispensable et invulnérable des terres, eaux, forêts et dépendances du château de Mont-l'Évêque, avec vot' permission, sergent.

LAMBERT. C'est un bon emploi, surtout chez une si bonne maîtresse! Eh bien! tandis que vous chassiez des perdrix et des bécasses, moi, je chassais alternativement des Italiens, des Autrichiens, des Égyptiens, des Prussiens, etc... sous la conduite d'un petit chasseur de première classe, qui entend passablement ce genre d'exercice.

GENEVIÈVE. Voici Madame la comtesse.

LAMBERT. Comme elle a l'air souffrant! Pauvre femme!

SCÈNE IV.

GENEVIÈVE, LA COMTESSE, LAMBERT, RIQUET.

LA COMTESSE. Lambert! c'est bien lui! Mon ami, je suis bien aise de vous revoir, de vous savoir échappé à tous les dangers de la guerre.

LAMBERT. Madame, je suis bien sensible...

LA COMTESSE. Malgré l'état de faiblesse où je suis, j'ai voulu venir au-devant de vous, afin de vous témoigner la reconnaissance que je n'ai

* Julie, Lambert, Geneviève, Riquet.
** Geneviève, Lambert, Riquet.

cessé de vous garder pour le dévouement, le zèle véritable et désintéressé avec lequel vous avez autrefois sauvé mon époux, mon fils et moi-même.

LAMBERT. Madame la Comtesse est trop bonne, ce sont de ces petites choses qui ne méritent pas tant d'éloges : on en est assez payé par le plaisir de rendre service à de braves gens comme vous; et M. Roger, par la grande tâche qu'il a eue à remplir envers vous, mérite plus que moi!..

LA COMTESSE. M. Roger?.. lui!.. Ah! Lambert, vous ignorez donc quelle fut sa conduite infâme?..

LAMBERT. Je sais qu'il a juré de vous conserver la fortune et la vie; de respecter, de protéger l'épouse de son bienfaiteur...

LA COMTESSE. Vous vous souvenez, vous! Mais lui, il fut parjure! A peine cet affreux mariage fut-il prononcé, qu'il dépouilla la contrainte et l'hypocrisie dont il avait masqué ses coupables projets, il employa tour-à-tour, mais inutilement, la ruse, le mensonge, la menace, et même la violence pour se faire constituer seul propriétaire des biens de ma famille. Il osa pousser l'audace jusqu'à prétendre usurper toute l'autorité, tous les droits de mon époux, et je ne parvins à m'en délivrer qu'en lui abandonnant l'usufruit de quelques propriétés. Alors, je quittai la capitale, et je me retirai ici, dans ce château, accompagnée de mon fils, de ma bonne Geneviève, qui allait devenir mère, et suivie par ce pauvre Riquet, dont les parens venaient de mourir, et qui se trouvait sans ouvrage et sans pain...

LAMBERT, accablé. Roger!.. Roger!... Oh! le lâche! le lâche!..

RIQUET, à part. Je le crois mâtiné du chat sauvage et du chien de mer.

LA COMTESSE. Jugez de la triste position où je me trouvais placée, aux yeux de mon fils surtout, que je voyais grandir sous mes yeux sans pouvoir lui nommer son père; je ne pouvais pas lui dire : il existe, il gémit loin de nous, dans l'exil, et je suis la femme d'un autre...

LAMBERT. Pauvre femme! quelle souffrance?.. Et lui, le scélérat, que devint-il?..

LA COMTESSE. Je lui défendis de venir troubler ma solitude, et, depuis, j'appris qu'il se livrait à une débauche scandaleuse; mais trop heureuse d'en être délivrée, je ne m'occupais plus de cet homme, lorsqu'il y a quatre ans à peu près, je reçus de lui une lettre qui m'annonçait la mort de mon époux!.. et il avait eu la cruauté d'y joindre l'acte mortuaire, afin que le doute ne me fût même pas permis!.. Le voilà!.. Tous les jours il le baigne de mes larmes!..

LAMBERT. Et depuis la mort du comte, Roger n'a pas cherché à se rapprocher de vous?

LA COMTESSE. Une fois seulement il en manifesta l'intention; il paraît qu'il y a renoncé. Cependant, mon fils devenait un homme, un plus long silence était impossible, je dus tout lui dire, tout! excepté ce qui pouvait allumer dans son cœur des désirs de vengeance...

LAMBERT. Vous avez bien fait de me la garder tout entière. Madame la Comtesse; tout invalide que je suis, je ne veux pas quitter mes guétres avant d'avoir puni ce gredin-là, qui tôt ou tard vous ferait quelque mauvais tour. Les maraudeurs de son espèce sont toujours à craindre, mais les bons soldats savent au besoin leur tailler des croupières, et je me charge de le dresser à la manœuvre ! Un homme que je croyais la crème de l'humanité, un homme à qui j'aurais confié tout ce que j'avais de plus cher au monde ! Lâche ! et parjure !.. Sacrebleu ! mais j'y songe, oui, toutes les circonstances s'accordent... Geneviève !.. (A part.) Mais, comment l'interroger ? comment lui rappeler encore un souvenir si douloureux pour elle ?.. Patience, je saurai tout...

GENEVIÈVE, bas, à la Comtesse. Mon Dieu ! soupçonnerait-il ?..

LA COMTESSE. Calmez-vous, Lambert, nous n'avons plus rien à craindre ; je me sens tranquille depuis que vous êtes près de nous. Geneviève, rentrons, vous ferez servir le déjeuner, notre brave sergent doit en avoir besoin.

LAMBERT. Ça ne peut pas faire de mal, Madame la Comtesse, (A part.) avant de me remettre en route. (Haut.) Et cependant, la joie, le chagrin, l'indignation que je viens d'éprouver tour-à-tour ont fait faire tant d'évolutions à mon sang, que ça doit avoir dérangé les dispositions militaires de mon estomac...

RIQUET, lui versant un verre d'eau-de-vie. Tenez, voilà de quoi les rétablir !..

LAMBERT. Ah ! merci, voltigeur ! A vot' santé, mame la Comtesse.

LA COMTESSE, sortant avec GENEVIÈVE. Nous vous attendons.

RIQUET, courant à elle*. Ah ! pardon, Madame, j'ai là une lettre que j'oubliais de vous remettre.

LA COMTESSE. Voyons !.. Dieu ! c'est de Monsieur Roger !..

TOUS. De Roger ?..

LA COMTESSE. Il arrive aujourd'hui !..

LAMBERT. Madame la Comtesse, je voulais partir pour aller vous venger de son parjure ! Maintenant, je reste !.. Riquet, un second verre de chnick.

RIQUET. Voilà ! militaire.

LA COMTESSE. Ne nous quittez pas ?..

LAMBERT. Non ! non ! soyez tranquilles.

(Elles sortent.)

SCÈNE V.

LAMBERT, RIQUET.

LAMBERT. Riquet ? écoute ! As-tu quelquefois entendu prononcer le nom du séducteur de Geneviève ?..

RIQUET. Jamais !.. Cependant je me suis toujours figuré qu'il n'y avait qu'un joli petit homme comme notre amour de Roger, qui pouvait avoir fait ce mauvais coup-là...

LAMBERT. As-tu quelques indices... quelques souvenirs qui aient rapport à l'événement ?..

RIQUET. Aucun. Seulement, le jour où il nous a dit que mamzelle Geneviève était partie, je

* Geneviève, la Comtesse, Riquet, Lambert.

l'ai vu inquiet, tourmenté, regardant toujours avec crainte au-dehors, et plusieurs fois, lorsqu'on marchait près de sa porte, je l'entendis murmurer : « Je croyais encore que c'était elle ! » Voilà tout ce que je puis vous dire...

LAMBERT. Oh ! je n'en saurais douter, c'est lui ! mais je veux une preuve. Écoute, ton fusil est-il chargé ?..

RIQUET. Non. Pourquoi ?..

LAMBERT. Charge-le, et tiens-toi en observation tout le temps que Roger sera dans cette maison, je crains qu'il n'y vienne commettre quelque mauvaise action... Moi, je vais retrouver ces dames. Reste ici, observe, et fais-moi prévenir sitôt qu'il y aura du nouveau.

RIQUET. Je suivrai la consigne, sergent.

SCÈNE VI.

RIQUET, seul; puis, ALBERT*.

RIQUET, chargeant son fusil. Ah ! nous allons peut-être nous amuser. (Il entre dans le pavillon.) Il y a long-temps que je n'ai eu d'émotion. Quel bonheur, si nous pouvions pincer et confondre mon cauchemar, celui qui me corrigeait jadis avec tant de laisser-aller ! Je ne suis pas riche, mais je donnerais bien... onze sous pour que la Comtesse en soit débarrassée pour toujours. Ah ! le vilain citoyen...

ALBERT, accourant. Riquet ! Riquet ! voici une visite qui nous arrive, j'étais allé déjeuner à la ferme, et je traversais le parc pour revenir, lorsque j'ai aperçu une voiture entrer dans le chemin de traverse qui conduit ici. Comme nous ne recevons jamais personne, la curiosité m'a donné des jambes, et je suis accouru pour prévenir tout le monde.

RIQUET, sortant du pavillon. M. Albert, ne prévenez que moi, c'est assez. Vous irez prévenir Madame la Comtesse quand j'aurai vu la personne.

ALBERT. Pourquoi ?..

RIQUET. Parce que, si c'est... l'homme que nous attendons, ce ne sera pas mame la Comtesse qu'il faudra prévenir, mais le militaire qui déjeune avec elle...

ALBERT. Le militaire ?.. Il y a un militaire ici ?..

RIQUET. Oui, et un fameux, de militaire. Attion, voilà l'homme !..

SCÈNE VII.

ALBERT, LE COMTE, RIQUET.

LE COMTE. Je désire parler à Madame la Com... à Madame... Roger...

RIQUET, à part. J'ai vu cette figure-là quelque part... Serait-ce un émissaire de Roger... Vexons-le. (Haut.) Monsieur veut dire à Madame la Comtesse de Senlis.

* Albert, Riquet, dans le pavillon.

LE COMTE. Comme il vous plaira.
RIQUET. Mais, Madame déjeune en ce moment, si vous voulez attendre...
LE COMTE, allant s'asseoir*. J'attendrai.
ALBERT, à part. Il a l'air chagrin, souffrant...
RIQUET. Monsieur voudrait-il avoir la bonté de me dire son nom?
LE COMTE, regardant Albert. C'est inutile... (A part.) Quel est ce jeune homme?.. Mon fils aurait son âge! Si c'était lui!..
RIQUET, à part. Tu ne veux pas dire ton nom. Tu sens le Roger, mon vieux.
LE COMTE. Dites-moi, je vous prie, M. Roger se trouve-t-il actuellement dans cette maison?..
RIQUET, à part. Il doit bien le savoir. (Haut.) Non, Monsieur.
LE COMTE. Merci...
ALBERT. Comme il me regarde avec affection.
RIQUET. Monsieur, pour vous annoncer, j'ai besoin de dire qui vous êtes à Madame la Comtesse.
LE COMTE, regardant Albert, lentement. Vous lui direz que j'apporte des nouvelles de Monsieur le comte de Senlis.
ALBERT, vivement. De mon père!..
RIQUET. Ah bah!..
LE COMTE, se levant, à part. C'est lui, mon cœur me le disait!..
RIQUET, à part. C'est peut-être une couleur.
ALBERT, allant pour sortir. Je vais chercher ma mère.
RIQUET, l'arrêtant. Un instant, M. Albert, puisque Monsieur connaît monsieur le Comte, il va nous faire le plaisir de nous dire où il est actuellement, ce qu'il fait, comment va sa santé, et...
LE COMTE. Vous ne tarderez pas à en pouvoir juger par vos yeux, bientôt vous le verrez...
RIQUET. Bon! bien! fameux! c'était là où je l'attendais!..
ALBERT. Hélas! Monsieur, vous ignorez donc que mon père est mort!
LE COMTE**, allant à son fils. Le comte de Senlis est mort!.. Qui vous l'a dit?..
ALBERT. Ma mère!
LE COMTE, à part. Oh! dépravation!.. (Haut.) Jeune homme, on vous a trompé, le Comte...
RIQUET, au milieu. les séparant. Assez d'exclamation comme ça; nous allons savoir de suite si on nous a trompés, ou si ce n'est pas vous qui cherchez à le faire. (Bas, à Albert.) M. Albert, allez dire à M. Lambert (le militaire qui déjeune avec Madame la Comtesse), qu'un étranger qui m'est suspect demande à lui parler. Faites bien comme je vous dis... Allez, allez. (Albert sort, A part.) Attends un peu, quand la musique sera arrivée, nous commencerons la contredanse.
(Il va dans le pavillon et prend son fusil.)

* Albert, Riquet, le Comte, assis.
**Albert, le Comte, Riquet.

SCÈNE VIII.

RIQUET, LE COMTE.

LE COMTE. Tout est bien vrai! La Comtesse a demandé un divorce pour épouser cet homme; puis, honteuse de cette mésalliance, elle s'est séparée de lui; et pour légitimer un tel mariage aux yeux de son fils, elle lui a dit : « Ton père est mort! » N'était-ce donc pas assez pour moi des souffrances de l'exil? et ne devais-je pas espérer, après mes longues années de douleur, retrouver le repos et le bonheur au sein de ma famille? Un destin barbare en ordonne autrement. Résignons-nous, et attendons la fin de nos misères!
RIQUET, à part, son fusil dans les mains. Jabotte, jabotte, mon garçon, nous allons voir qu'elle figure tu vas faire; justement, le voilà...

SCÈNE IX.

LES MÊMES, LAMBERT, ALBERT*.

LAMBERT, à lui-même. Voyons un peu ce que c'est que ce paroissien-là. (Au Comte.) Qui demandez-vous, mon brave homme?..
LE COMTE. Madame la comtesse de Senlis.
LAMBERT. Ah! mon Dieu! ai-je la berlue?.. Est-ce une vision, un rêve?.. Mais, non, je ne me trompe pas, vous êtes bien...
LE COMTE. Silence!.. Mais, vous-même, je crois vous reconnaître. Qui êtes-vous?
LAMBERT. Lambert!.. l'ouvrier menuisier...
LE COMTE. Mon sauveur!.. Et j'accusais mon destin, lorsqu'il me fait retrouver un ami!..
(Geneviève paraît à la porte.)
RIQUET, à part. Il cherche à entortiller ce pauvre Lambert!..
LAMBERT. C'est vous que je revois, M. le Comte... vous, que l'on disait mort!..
GENEVIÈVE, sur le perron. Ciel! le Comte!.. Courons!..
(Elle rentre.)
ALBERT. Quoi!.. mon père?..
LAMBERT, faisant passer Albert vers le Comte.** Oui, votre père, que nous pleurions encore il y a une heure...
LE COMTE, embrassant Albert. Mon fils! mon cher fils!..
RIQUET. Comment!.. c'est le Comte?.. Eh ben! en v'là de l'embrouillamini!.. Comment tout ça finira-t-il?..
ALBERT, contemplant le Comte. Mon père!..

SCÈNE X.

LA COMTESSE, LAMBERT, LE COMTE, ALBERT, RIQUET.

LA COMTESSE, en dehors. Vous vous trompez,

* Le Comte, Lambert, Albert, Riquet.
** Le Comte, Albert, Lambert, Riquet.

ce n'est pas lui... ce ne peut-être lui !.. (Entrant.) Où est-il ?.. Dieu !..

(Elle veut se jeter dans ses bras.)

LE COMTE, l'arrêtant. Arrêtez, Madame... Modérez vos transports par le souvenir des choses passées...

LA COMTESSE. Ah ! il me croit coupable !..

LE COMTE. Si votre époux est ici, ou qu'il doive y venir, je vous prierai, Madame, de vouloir bien donner des ordres pour que le père de votre fils ne se rencontre point avec lui.

(Tout le monde se regarde avec inquiétude.)

LA COMTESSE, à Lambert. Ce dernier coup m'accable !.. Voyez sur la route, et prévenez-nous.

LAMBERT, derrière la Comtesse. Du courage, Mᵐᵉ la Comtesse, et comptez sur moi.

(Il parle bas à Riquet.)

LE COMTE, à Albert. Ne vous éloignez pas, mon fils, j'aurai besoin de vous... Lambert, vous me le ramènerez, vous me servirez peut-être encore.

LAMBERT. Toujours, et de grand cœur, M. le Comte.

LE COMTE. Mes amis, laissez-nous seuls un instant.

(Tout le monde sort. Lambert cause avec Riquet en s'éloignant.)

SCÈNE XI.

LA COMTESSE, LE COMTE.

LE COMTE, offrant un siège à la Comtesse. Vous paraissez souffrir, Madame.... Veuillez vous asseoir... (Elle s'assied.) Ne craignez pas que je vienne, par des reproches indignes de moi, augmenter l'émotion dont vous êtes saisie. Notre position vis-à-vis l'un de l'autre est assez pénible par elle-même... Si mon cœur est déchiré, le vôtre est en proie aux remords ! Tous deux nous sommes maintenant malheureux par suite d'une faute !.. que je ne puis comprendre...

LA COMTESSE. Une faute, dites-vous ?..

LE COMTE. Est-ce un crime qu'il fallait dire ?

LA COMTESSE. Monsieur, je vous jure !..

LE COMTE. Permettez-moi de finir, Madame. Après dix-sept ans d'exil, pendant lesquels vous n'avez répondu à aucune de mes lettres...

LA COMTESSE. Elles ne me sont point parvenues.

LE COMTE, surpris. Ceci vous excuse; la jalousie de votre époux les aura interceptées... Enfin, me voilà de retour; l'empereur a daigné me rappeler en France. Je désire, à défaut d'épouse, m'occuper du bonheur, de l'avenir de mon fils, et je viens vous demander, Madame, s'il est encore en votre pouvoir de me faire restituer ma part de notre fortune, sans avoir recours à la triste ressource d'un procès.

LA COMTESSE. Ainsi, vous me croyez coupable... vous pensez...

LE COMTE. Pardon, Madame, réglons d'abord nos affaires; vous me direz ensuite ce que vous voudrez pour vous justifier... Pouvez-vous et voulez-vous faire ce que je viens de vous demander ?

LA COMTESSE, avec larmes. Oui, Monsieur.

LE COMTE. C'est tout ce que je désire... Non pas pour moi, mais pour l'établissement de mon fils, que je vais emmener à l'instant.

LA COMTESSE, se levant. Mon fils ! mon enfant !.. Quoi ! vous voulez le ravir à mes larmes ?..

LE COMTE. C'est mon droit et mon devoir, Madame... Vous ne pouvez vous y opposer, surtout dans votre position.

LA COMTESSE. C'est la mort que vous allez me donner, et vous ne voudrez pas m'arracher la vie en me privant de mon fils !..

LE COMTE. Madame... je dois...

LA COMTESSE. Pardon, laissez-moi tout vous dire... Depuis dix-sept ans, ma seule consolation fut de veiller avec un soin religieux sur l'enfance et l'instruction de notre fils ; je m'attachai à lire votre image sur ses traits; pour moi, vous reviviez en lui, je reportais sur lui toute ma tendresse, tout mon amour !.. Lui seul m'a conservé la vie, en me donnant la force de supporter mes douleurs, et vous voulez me le ravir !.. Oh ! non, non !..

LE COMTE, ému. Madame, cependant...

LA COMTESSE. A votre tour, M. le Comte, laissez-moi finir... Vous me croyez coupable, vous !.. Avez-vous pu croire que l'amour dont je brûlais pour vous ait pu s'éteindre après deux jours d'absence ?.. Non, un tel amour ne peut s'éteindre qu'avec la vie !.. Je ne fus que victime, sachez-le... Un homme, un monstre sut me faire trembler pour votre fortune et ma vie, et pour nous conserver toutes deux à son bienfaiteur, disait-il, me contraignit à un mariage simulé avec lui. Je reconnus trop tard que la cupidité seule l'avait conduit, mais il fallait sauver Geneviève, arrêtée sous mon nom, et qu'on allait faire périr !..

LE COMTE. Ainsi, cette union...

LA COMTESSE. Elle n'eut lieu qu'aux yeux de la loi, je vous le jure !..

LE COMTE. Et j'ai pu vous accuser ?.. Mais, cependant, Estelle, n'est-ce pas vous qui avez appris à mon fils la fausse nouvelle de ma mort?

LA COMTESSE. Oui, ce sont mes larmes, mes sanglots, mon désespoir, dont il me demandait chaque jour la cause... Depuis quatre ans, je vous pleure nuit et jour, et j'arrose de mes larmes cet écrit mensonger !..

LE COMTE. Estelle ! me pardonnerez-vous mon erreur ?..

LA COMTESSE, lui donnant la main. Mon ami!

LE COMTE. Mais, cet écrit, d'où vient-il ?..

(Elle lui donne le papier.)

LA COMTESSE. C'est encore de cet homme !..

LE COMTE. Un acte mortuaire !.. le timbre de Londres !.. J'y étais, en effet, à cette époque. Quel peut être le faussaire ?.. Roger, sans doute, je le saurai!.. Peut-être ce papier me servira-t-il à vous arracher des mains de cet infâme!.. Estelle! ô mon amie!.. je vous retrouve innocente et fidèle, et un lien fatal nous défend de réunir deux existences si long-temps séparées!.. et je dois encore m'éloigner de vous!..

LA COMTESSE, avec crainte. Mon ami! mon époux!

LE COMTE. Je reviendrai.

LA COMTESSE. Ah! bientôt, n'est-ce pas?

LE COMTE. Je vous le promets.

SCÈNE XII.

LA COMTESSE, ALBERT, LE COMTE, LAMBERT, RIQUET.

LAMBERT. Voilà le loup-cervier qui arrive. Qu'ordonne M. le Comte?

LE COMTE. Je vais m'éloigner, mon ami, pour peu de temps, je l'espère. Je tiens entre mes mains la perte de cet homme.

RIQUET, au fond. Ah! bravo!.. (Lambert le regarde.) Je dis, bravo!..

LE COMTE. * Adieu, Estelle, adieu! du courage... Je te laisse avec ton fils, avec Lambert; tous deux veilleront sur toi.

(Il embrasse son fils.)

LAMBERT. Je vous le jure, M. le Comte!

(Lambert et Albert reconduisent le Comte; ils sortent par le fond à droite.)

RIQUET. Eh ben! et moi donc?.. Je suis son second lui-même!..

(Il entre dans son pavillon. Tout le monde sort, excepté la Comtesse.)

LA COMTESSE. Aurais-je encore la force de supporter la présence de cet homme... (Elle l'aperçoit.) Ah! le voilà!..

(Roger entre du fond à gauche. Elle s'évanouit. Roger paraît au fond, en manteau de voyage, regarde partout autour de lui, et surtout à l'endroit par où le monde vient de sortir; puis, va vers la Comtesse, qu'il trouve évanouie, lui prend la main, et cherche à lire dans ses traits le motif de son évanouissement. Riquet semble prêt à tirer sur lui s'il bouge. Lambert entre, et se place les bras croisés derrière Roger.)

ROGER, apercevant Lambert, dit avec surprise et crainte, après l'avoir reconnu, et en reculant d'effroi. Lambert!..**

LAMBERT, s'avançant sur lui les bras croisés, d'un ton sentencieux. Lambert!..

RIQUET, à part. Je suis sûr qu'il aimerait mieux autre chose...

(Geneviève vient secourir sa maîtresse.)

* Lambert, le Comte, la Comtesse, Albert, Riquet.

** Roger, Lambert, la Comtesse, Riquet.

FIN DU PREMIER ACTE.

ACTE II.

Le théâtre représente un salon. Portes au fond et de côté. Une croisée au premier plan à droite.

SCÈNE I.

ROGER, seul, entrant.

Personne?.. Voyons donc aujourd'hui s'il me sera enfin permis de communiquer avec... cette femme! Depuis deux jours, ses gens s'obstinent à me barrer le passage; mais aujourd'hui, de gré ou de force, je veux arriver là! Tous ces retards, légitimes ou non, pourraient détruire mes projets; le comte de Senlis doit bientôt rentrer en France, j'en ai reçu l'avis certain, il faut qu'à son retour je sois parti; je dois me soustraire aux embarras qu'il pourrait me susciter. Le faux acte mortuaire avec lequel je l'ai tué aux yeux de sa femme, deviendrait peut-être une arme terrible contre moi! Il faut en finir; autrement, tout ce que j'ai fait n'aurait servi qu'à assurer leur avenir en détruisant le mien. Le danger m'approche, je dois le fuir, et renverser s'il le faut, tout ce qui voudrait s'opposer à mon passage. Lambert est absent, tout le monde me croit retourné à Paris, c'est l'instant d'agir... (Il va pour entrer chez la Comtesse, à gauche.) Prêt à pénétrer chez cette femme... je ne sais quel reste de respect vient m'arrêter... Allons! Geneviève?..

(Il pousse la porte et voit Geneviève.)

SCÈNE II.

GENEVIÈVE, ROGER.

GENEVIÈVE, sur le seuil de la porte. Encore ici, Monsieur?

ROGER. Dites à Mme Roger que je veux avoir avec elle un entretien avant mon départ.

GENEVIÈVE. Madame la comtesse de Senlis est toujours trop souffrante pour pouvoir sans danger supporter votre présence...

ROGER. Depuis deux jours vous m'opposez ce

futile prétexte pour me tenir éloigné de votre maîtresse ; je suis las de tous ces détours, et d'ailleurs une indisposition ne saurait l'empêcher d'entendre l'importante communication que je veux lui faire.

GENEVIÈVE. Si votre vue pouvait lui causer une douce émotion, vous diriez vrai ; mais vous êtes un homme dont la présence révolte, dont le regard épouvante ! et je n'exposerai pas madame la Comtesse à mourir de peur devant vous.

ROGER. Quel que soit le sentiment que j'inspire en ces lieux, j'y suis le maître ; ne me forcez pas à user de mon autorité, et livrez-moi passage...

GENEVIÈVE. Vous ne la verrez pas, vous dis-je... (Roger s'avance. Geneviève remontant en barrant la porte.) Vous n'entrerez pas.

ROGER. Prétendez-vous me contraindre à employer...

GENEVIÈVE. Oh ! je connais vos moyens ordinaires, la violence !.. comme il y a dix-sept ans, n'est-ce pas? Mais je ne suis plus la pauvre jeune fille que vous brisiez dans vos mains ; je ne suis pas non plus affaiblie par la douleur comme cette pauvre mère qui depuis si long-temps gémit sur l'avenir de son fils, pleure son époux, et tremble à votre nom ; je suis une mère courageuse et forte, une femme reconnaissante et dévouée à cette autre mère, votre seconde et plus malheureuse victime... et je vous résisterai pour la protéger contre vous.

ROGER. Cet air héroïque vous sied à merveille ; cependant, je dois conseiller de ne point abuser plus long-temps de ma patience.

GENEVIÈVE. Je ne vous crains pas, vous n'oserez pas, profitant de l'absence de Lambert, être assez dénaturé pour abuser de votre force contre vos deux victimes ; non, vous ne le ferez pas !

ROGER. Geneviève ! depuis assez long-temps je souffre vos injures, maintenant je vais entrer là. (Geneviève fait un mouvement.) Ne cherchez plus à vous y opposer, vous en seriez victime ; car jamais une femme ne m'arrêtera dans mes desseins.

SCÈNE III.

LES MÊMES, LAMBERT, RIQUET.

LAMBERT. Un homme le pourra, peut-être.
RIQUET. Deux hommes le pourront, bien sûr.
ROGER. Encore ce Lambert !
RIQUET. Et toujours ce Riquet !
ROGER. Que prétendez-vous donc ?.. que voulez-vous ?

LAMBERT. Nous ne voulons pas que vous approchiez de Madame la Comtesse, et nous prétendons vous empêcher de la voir, voilà tout, pour le moment ; nous manœuvrons sur la défensive, mais nous prendrons l'offensive quand il en sera temps.

RIQUET, à part. C'est-à-dire que quand le pot-au-feu sera cuit, on lui trempera une soupe.

ROGER. Enfin, Vous l'avouez donc ? c'était un plan arrêté ! vous aviez résolu de vous placer entre ma femme et moi, de jeter la force entre un homme et son droit, et vous avez cru pouvoir triompher ? Ignorez-vous donc que je suis légalement l'époux de votre Comtesse, et qu'à ce titre nul ne peut m'empêcher de pénétrer dans sa demeure ? Vous remplacez le droit par la force... Eh bien ! je puiserai ma force dans mon droit, en me faisant assister par les agens de l'autorité publique, et non-seulement je verrai la Comtesse, mais encore je saurai la contraindre à me suivre partout, et à vous séparer d'elle et de moi.

LAMBERT, se maîtrisant à peine. Va-t'en ! mauvais soldat, va-t'en !

ROGER. Oh ! vos menaces ne m'épouvantent pas, car si vous osiez m'approcher, je vous ferais sauter la tête.

(Il tire un pistolet. Lambert fait un mouvement vers lui.)

GENEVIÈVE, l'arrêtant. Lambert ! mon ami !..

ROGER. Et si je m'éloigne, c'est pour revenir bientôt avec main forte. Au revoir, Messieurs, au revoir ! (Il sort.)

SCENE VI.

LAMBERT, GENEVIÈVE, RIQUET.

LAMBERT. Oh ! pourquoi le Comte m'a-t-il tant recommandé la prudence ?..

RIQUET. Laissons-le s'éloigner d'abord, et ouvrons un peu, pour renouveler l'air.
(Il ouvre les fenêtres.)

LAMBERT. Que j'avais de peine à me contenir !

GENEVIÈVE. Il le faut, mon ami, et le Comte a fait sagement de vous en prier. Dans les circonstances graves où nous sommes, nous ne devons opposer à notre ennemi qu'une résistance calme et ferme.

LAMBERT. On n'est pas maître de ça, voyez-vous, Geneviève ; surtout maintenant que le hasard m'a fait découvrir que c'est lui... je ne peux plus le voir sans éprouver des démangeaisons terribles de lui découper les abattis... Mais, vous le voyez, je sais me contraindre par respect pour les avis de Monsieur le Comte.

RIQUET. C'est égal, j'ai bien fait, en le voyant entrer ici, de courir vous chercher, vous lui imposez plus que moi, et puis à deux le labourage va plus vite... comme disent les charpentiers.

LAMBERT. Ah ça ! parlons d'autre chose, examinons un peu ce paquet à mon adresse, que vient de me remettre Monsieur le maire.

GENEVIÈVE. D'abord, dites-nous ce qu'il vous a répondu relativement à M. Roger.

LAMBERT. Oh ! il savait tout, il me connaissait déjà de nom ; il paraît qu'il a eu plusieurs conversations avec Madame la comtesse, qu'elle lui a raconté ses malheurs, les vôtres, et tout le tremblement de l'artillerie ; en arrivant, quand je lui ai dit mon nom, et de quelle part je venais, il m'a pris la main, il me l'a serrée. (Il serre la main à Riquet.) Il est solide, Monsieur le maire ; c'est un vieux d'Italie et d'Égypte... invalide ! plus que moi ! Donc nous avons causé militairement, et il m'a juré sa parole d'honneur de vieille troupe qu'il se couperait en vingt-cinq mille millions de morceaux s'il le fallait pour rendre service à Madame la Comtesse, et pour la protéger contre... l'oiseau noir.

RIQUET. Bon! fameux. Quand il va se présenter chez le maire pour demander les gendarmes, il va lui poudrer la chevelure... à la Louis XV.

LAMBERT. Et par là-dessus, nous avons trinqué à la santé des braves gens, avec une bonne goutte de tripoli militaire, qui était aux arrêts forcés depuis 93.

RIQUET. Et je n'étais pas là!..

GENEVIÈVE. Maintenant, ouvrez ce paquet.

LAMBERT. Ah! à propos, voyons... c'est de M. se comte, je m'en doutais bien; d'abord, lisons cette lettre : « Mon brave Lambert (c'est à »moi qu'il parle); je vous écris à la hâte au mi- »lieu des démarches importantes que nécessite »notre position. J'ai obtenu, à l'aide de mon ex- »médecin, qui est actuellement celui du ministre, »de faire arrêter Roger quand il me plaira, »comme accusé de faux (Mouvement.). Je vous »transmets l'autorisation et l'acte incriminé; ne »les employez qu'à la dernière extrémité, sur- »tout ne laissez pas cet homme (Mouvement.) pé- »nétrer chez la comtesse. Mais soyez prudent »avec lui, nous aurons peut-être besoin de son »consentement pour faire rompre cet odieux »mariage. Protégez et consolez mon épouse ; »embrassez pour moi mon fils et notre bonne »Geneviève ; je ne vous dis rien à vous, je »crains d'être trop ému. Adieu, ami, adieu! »P. S. D'une démarche que je vais accomplir à »l'instant dépend la promptitude avec laquelle »je pourrai retourner auprès de vous... » (Parlant à la lettre comme à un être vivant.) Brave homme! Soyez tranquille, je ferai respecter la consigne. Il n'y a qu'une chose qui me gêne, c'est la prudence. Mais vous l'ordonnez, suffit...

RIQUET. Quelle vilaine lettre! Pas seulement le plus petit compliment pour moi.

LAMBERT. Riquet?

RIQUET. Mon capitaine...

LAMBERT. Il nous faut redoubler de soin, de vigilance pour bien remplir les intentions de M. le comte.

RIQUET. Redoublons, mon colonel, redoublons. Et d'abord, je serais d'avis d'interdire complètement l'entrée de la maison à mon ci-devant professeur de menuiserie. Qu'en dites-vous?

GENEVIÈVE. Bien pensé, Riquet.

LAMBERT. Oui, nous ne recevrons qu'après le retour du comte.

RIQUET. Approuvé à l'unanimité! Je vais faire fermer toutes les grilles, et on n'ouvrira qu'à qui de droit. A la porte, le Roger de mon cœur, à la porte.

SCÈNE V.

LAMBERT, GENEVIÈVE.

LAMBERT. Et lorsqu'il aura payé ses dettes à la famille du comte, je lui réclamerai la mienne.

GENEVIÈVE. Lambert, qu'avez-vous dit ? Avez-vous oublié l'horrible menace qu'il vous a faite avant de sortir ? J'ai tremblé de tout mon être ; mon sang s'est glacé dans mon cœur, j'en frémis encore ! Oh ! ne vous exposez pas à la lâcheté de cet homme, je ne vous survivrai pas moi ! et ma fille n'aurait plus de mère !

LAMBERT. Geneviève...

GENEVIÈVE. Mon ami ! j'ai déjà tant pleuré sur vous ! j'ai tant souffert de la perte de votre amour et de l'incertitude de votre existence !.. Laissez-moi goûter sans trouble le seul bonheur où je puisse aspirer maintenant ; ne me faites pas trembler pour vos jours ! Après tant de souffrances, je ne demande à Dieu que de pouvoir vivre près de vous, comme une sœur aimante et dévouée, et à trouver en vous un ami pour moi et un protecteur pour ma fille.

LAMBERT. Bonne Geneviève, vos paroles partent d'un si bon cœur, elles sont si douces et si tendres qu'elles feraient rentrer les griffes d'un tigre. Vous êtes une bonne mère, et c'est tout dire ! Cessez de vous affliger, je ne veux pas vous faire de chagrin, moi ! Au contraire, le premier péquin qui se permettrait... Eh ben ! non, non ! je veux dire que je ferai tout ce qui vous fera plaisir. Je tiendrai lieu de père à cette belle petite fille qui n'en a pas !... Car il ne l'est pas, lui ! Elle ne porte pas son nom, je suis bien sûr qu'elle n'a pas une goutte de son sang dans les veines ; ou, du moins, vos soins et ceux de notre comtesse l'ont si bien purifiée qu'il n'y paraît plus. (Allant à la croisée.) Qu'elle est gentille ! Tenez, la voilà là-bas, dans le jardin avec M. Albert... Quel joli petit ménage d'enfans de troupe ça ferait ?.. hein ?

GENEVIÈVE. Nous ne pouvons pas l'espérer, et je tremble au contraire de voir naître en eux un amour... qui deviendrait peut-être une source de chagrins pour eux et pour moi.

LAMBERT. Ah! fichtre ! c'est vrai, ça, je n'y pensais pas, moi ! mais bast ! c'est un enfantillage qui n'aura pas de suite. Le papa Senlis enverra son garçon apprendre le jargon des tribunaux dans la capitale, et nous marierons la jolie petite fille à quelque brave ouvrier qui la rendra heureuse.

GENEVIÈVE. Bon Lambert, puissiez-vous dire vrai ! Bien alors ne pourrait plus troubler notre existence. Après une jeunesse passée dans les larmes et dans la douleur, sur nos vieux jours, le repos et le bonheur viendraient enfin guérir les plaies de nos âmes...

LAMBERT, se promenant bras dessus bras dessous avec Geneviève. Et puis, un peu plus tard, quand tout sera rentré dans l'ordre, le vieux Lambert pourra dire à sa bonne Geneviève... qui sourit d'avance. Et donnons un nom, une famille à cette chère orpheline ; reprenez l'alignement de votre ancien chef de file... dont le malheur seul vous a séparée ; et sans trop regretter le temps où nous aurions pu prendre le pas redoublé dans la jeune garde... marchons ensemble au bon petit pas ordinaire, le plus régulièrement et le plus long-temps possible... » Hein ? qu'en dites-vous ?

GENEVIÈVE. Vous le devinez sans peine... Mais ne parlons plus de nous, attendons. Et puis

Madame la comtesse est seule, je dois retourner près d'elle.

LAMBERT. Oh! pour ça, je ne vous retiens pas. Notre pauvre comtesse mérite bien que je me prive pour elle... Au revoir, Geneviève.

GENEVIÈVE. Au revoir, Lambert!.. Au revoir!

LAMBERT, courant après elle. Attendez! oh! sacrebleu! et la commission du comte que j'oubliais. (Il l'embrasse.) Là...

(Ils se font das signes d'amitié. Geneviève sort.)

SCÈNE VI.
LAMBERT; puis, ALBERT, JULIE.

Voilà une manœuvre bien agréable à exécuter. C'est dommage que le comte ne m'ait pas ordonné de redoubler le mouvement... Aïe!.. (Il porte la main à sa hanche.) Voilà la contremarche : je veux faire le jeune troubadour, et mes blessures viennent me rappeler que je ne suis qu'un invalide.

ALBERT et JULIE, entrant en sautant. Bonjour, M. Lambert.

LAMBERT. Bonjour, mes enfans. (A Julie.) Eh bien! mon petit ange, commencez-vous à vous habituer à moi?..

JULIE. Oh! je n'ai plus peur de vos moustaches comme le premier jour ; et puis maman vous aime, et je dois vous aimer aussi.

ALBERT. Monsieur Lambert, mon père doit-il revenir bientôt? Je ne l'ai vu qu'un instant, et je soupire après son retour.

LAMBERT. Voici une lettre dans laquelle il me parle de vous. Son absence ne sera pas longue.

ALBERT. Mon bon père! Lorsqu'il sera là, nous lui confierons nos chagrins.

LAMBERT. Que dites-vous donc? Des chagrins à votre âge?

JULIE, soupirant. Oh! oui. De grands chagrins.

LAMBERT. Contez-moi ça, mes petits amours. Peut-être que je pourrai vous consoler.

ALBERT. Depuis le jour où j'ai connu la cause des chagrins de ma mère, j'ai cessé d'être heureux. Au milieu des jeux et des rires qui sont le partage de l'enfance, je me trouve toujours arrêté par le souvenir de ses douleurs ; et maintenant que ce M. Roger est venu troubler la joie du retour de mon père, et détruire notre repos, je suis devenu plus pensif et plus triste ; je n'ai plus qu'une seule consolation, qu'un seul bonheur, et l'on veut encore me le ravir!

LAMBERT. Comment? Qui ça? Expliquez-vous.

ALBERT. Mlle Julie est pour moi une sœur, une amie, la confidente intime de toutes mes pensées... eh bien! Mme Geneviève a défendu à Mlle Julie de se trouver seule avec moi.

JULIE. Et de prêter l'oreille à ses galanteries... oui; elle m'a ordonné de refuser les fleurs qu'il cueille pour moi, dans...

LAMBERT. Ah! je comprends! c'est pour cela que vous vous promeniez tout à l'heure ensemble dans le jardin.

ALBERT. Oh! nous ne nous disions rien.

JULIE. Moi, je pleurais!

ALBERT. Et je la consolais!

LAMBERT. Tout ça, c'est très bien... mais la maman Geneviève a sans doute ses raisons pour cela... Et les bons soldats... c'est-à-dire les enfans sages, doivent toujours obéir... à leurs parens. La discipline avant tout.

ALBERT. Et puis elle lui a dit encore que je ne pourrais jamais être son mari.

LAMBERT. Ah! dame! écoutez donc, c'est que vous n'êtes pas du même grade, vous êtes né dans l'état-major, général de la société, vous; et elle, dans la troupe de ligne.

ALBERT. Qu'importe? puisque nous nous aimons, cela doit suffire.

LAMBERT. Je le sais bien, je le sais bien, ça doit suffire... mais ça ne suffit pas... Après tout, il y aurait peut-être bien moyen d'arranger c't' affaire-là...

ALBERT. Oh! dites, dites, M. Lambert, le moyen?

LAMBERT, les prenant tous deux sous le bras. Ce serait de ne plus vous aimer.

ALBERT. Oh! c'est impossible!..

JULIE. J'aimerais mieux mourir!

LAMBERT. Voilà encore un moyen auquel je ne pensais pas! Vous n'avez plus que l'embarras du choix... car, enfin, puisque vous ne devez pas espérer... Chut! voici Mme la Comtesse!

SCÈNE VII.
GENEVIÈVE, LAMBERT, ALBERT, LA COMTESSE, JULIE.

ALBERT, allant au-devant de sa mère. Ma mère!..

JULIE, de même. Comment Mme la Comtesse se trouve-t-elle, aujourd'hui?

LA COMTESSE. Mieux, ma fille, beaucoup mieux, merci... Depuis le retour du Comte, le calme renaît peu à peu dans mon âme... Mais Roger?..

LAMBERT. Il est parti, Mme la Comtesse, et jusqu'au retour du Comte, il est consigné à la porte.

LA COMTESSE. Je l'avais pensé, c'est pourquoi je suis descendue prendre le frais dans ce salon du rez-de-chaussée ; il donne sur le jardin, et je m'y trouve mieux qu'ailleurs.

(Elle s'assied près de la table ; Julie approche des livres et un tabouret sous les pieds, etc.)

ALBERT. Ma bonne mère! voyez donc comme Julie prend soin de vous, comme elle vous aime!

LA COMTESSE. Je le sais... Elle suit l'exemple de sa mère.

LAMBERT. Allons, ma petit Julie, et vous, M. Albert, venez avec moi, laissons votre maman se reposer à son aise. (A Geneviève.) Je vais leur faire de la morale.

ALBERT. Au revoir, ma mère.

JULIE. Au revoir, Madame...

LA COMTESSE. Allez, mes chers enfans... allez vous récrer un peu.

SCÈNE VIII.
LA COMTESSE, GENEVIÈVE.

LA COMTESSE. Eh bien! ma bonne Geneviève, verrons-nous bientôt la fin de nos maux?

GENEVIÈVE. Je l'espère, Madame... le retour de Lambert et de M. le Comte semble nous annoncer que Dieu veut mettre un terme à nos souffrances, qu'il daigne prendre en pitié les deux pauvres mères qu'il a si long-temps éprouvées.

LA COMTESSE. Quelle fatalité avait donc uni nos destins, pour nous rendre toutes deux victimes du même homme? L'une a perdu son avenir et son honneur par le souffle impur de sa séduction, l'autre s'est vu ravir le nom de son époux par son affreuse spéculation; et toutes deux ont passé dans les larmes et la douleur les plus longues et les plus belles années de leur vie! Mais quel motif peut l'avoir conduit ici? Que venait-il chercher? Que voulait-il?..

GENEVIÈVE. Je l'ignore, Madame; plusieurs fois, lorsqu'il insistait pour vous voir, Lambert lui a demandé le motif de sa visite, afin de vous le transmettre; il a toujours refusé de le dire, et même de vous l'écrire. C'est avec vous seule et verbalement, disait-il, qu'il voulait communiquer.

LA COMTESSE. Ceci cache encore quelques mauvais desseins.

GENEVIÈVE. Lambert le craint comme vous, c'est pourquoi il lui a interdit votre présence, et maintenant il lui défend même l'entrée de cette maison.

LA COMTESSE. Bon Lambert! c'est encore à lui que je dois la tranquillité qui repose aujourd'hui mes sens, trop long-temps agités par de pénibles émotions... Geneviève, si quelques soins vous réclament, vous pouvez me laisser... je vais distraire un instant mes réflexions par la lecture de ce livre.

GENEVIÈVE. Je vous laisse, Madame.

LA COMTESSE, seule. Lisons... Je ne sais pourquoi, je veux me croire tranquille, et je ne le suis pas, une secrète terreur règne sur tous mes sens, il me semble qu'un malheur nouveau va fondre sur moi, j'ai eu tort d'éloigner Geneviève. (Roger saute par une croisée et court fermer la porte du fond. La Comtesse pousse un cri étouffé.)

SCÈNE IX.
LA COMTESSE, ROGER.

LA COMTESSE, d'une voix éteinte. Au secours! à moi!.. (Elle se retire dans un coin.)

ROGER, après avoir tiré les verroux des portes. Remettez-vous, Madame; je ne veux vous faire aucun mal; mais on s'obstine à m'empêcher de vous parler, et je suis réduit à employer la ruse pour y parvenir; tandis que vos gens me croyaient sorti, j'étais caché dans le jardin, attendant impatiemment l'instant où vous seriez seule.

LA COMTESSE. Grand Dieu! Que faire?

ROGER. Ne craignez rien de moi, Madame, mais ne proférez aucun cri, car je dois vous déclarer que je tuerais le premier qui viendrait s'opposer à notre entretien.

LA COMTESSE. Ah! enfin, que voulez-vous, Monsieur?

ROGER. Je vais vous le dire, Madame. Depuis long-temps je m'ennuie d'être marié et de vivre en célibataire; cependant, je ne veux pas vous contraindre à demeurer près de moi, malgré vous... et j'ai pensé que dans cet état de choses nous ferions sagement de nous rendre à chacun la liberté. Qu'en dites-vous, Madame?

LA COMTESSE. Êtes-vous sincère?

ROGER. Oui, Madame; et la preuve, la voilà: mon passeport visé pour l'Amérique... Je vais mettre la mer entre vous et moi, si vous voulez consentir à ce que je viens vous demander.

LA COMTESSE. Que faut-il que je fasse?

ROGER. A l'époque de notre mariage, vous m'avez cédé l'usufruit de quelques propriétés dont l'ensemble me forme 30,000 francs de revenu... Une fois en Amérique, ou plus loin encore, s'il me plaît de voyager dans les colonies, je ne veux pas être en danger de perdre mes rentes, et je viens vous demander, s'il vous plaît, de m'autoriser à vendre ces biens pour en emporter avec moi la valeur.

LA COMTESSE. La moitié de ma fortune?

ROGER. A peu près... ma part enfin.

LA COMTESSE. Non, Monsieur, je refuse.

ROGER. Alors, Madame, je vais vous contraindre à venir partager mon domicile, et vous vivrez avec moi.

LA COMTESSE. Vous ne ferez pas cela!

ROGER. Qui m'en empêchera?

LA COMTESSE. Vous-même, vous n'oseriez pas.

ROGER. Vous savez bien, Madame, que j'ose tout, moi.

LA COMTESSE. La force m'abandonne. Retirez-vous, Monsieur, votre vue me fait mourir!

ROGER, mettant un papier sur la table. Signez-moi cette autorisation, ou préparez-vous à me suivre.

LA COMTESSE. Jamais!

ROGER. Décidez-vous, Madame, ma patience se lasse!

LA COMTESSE. Je ne consens à rien.

ROGER. Vous signerez, vous dis-je... et à l'instant même, car le temps presse.

LA COMTESSE. Non!

ROGER, lui saisissant les mains. Ah! dussé-je broyer votre main dans la mienne pour la conduire... vous signerez! (Il lui prend les mains et l'entraîne vers la table.)

LA COMTESSE. Ah! ah! Dieu!

ROGER. Silence!

LA COMTESSE. Au secours! au secours! (Il lui met une plume dans la main, tandis que les gens du dehors secouent inutilement les portes, lorsqu'elle est prête à signer. Lambert saute à son tour par une croisée qu'il brise, et tombe sur Roger, tandis que Riquet, qui l'a suivi, va ouvrir les portes; plusieurs domestiques paraissent.)

SCÈNE X.
LES MÊMES, RIQUET, LAMBERT, GENEVIÈVE, DOMESTIQUES.

LAMBERT, tenant Roger par le cou. Halte là, mon gaillard!.. Heureusement que j'arrive à temps! Geneviève, emmenez Mme la Comtesse.

(Roger cherche à se débarrasser. Geneviève et la comtesse sortent.) Ah ! tu ne m'échapperas pas ! Je te tiens... Et maintenant qu'il n'y a plus que des hommes ici, nous allons en découdre, mon compère !

ROGER. Lambert, laissez-moi sortir, ou malheur à vous !

LAMBERT. Ah ! je ne crains pas tes menaces, il y a du monde devant toi... et tu ne bougeras pas! Je t'ai dit ce matin que je prendrais l'offensive quand il en serait temps, le moment est venu... et je vais punir à la fois ton crime envers Geneviève, et ton parjure envers la famille du comte de Senlis ! Tout ton sang ne suffira pas pour payer tant de forfaits et de lâchetés !.. Viens ! mais viens donc !

SCÈNE XI.
LES MÊMES, LE COMTE.

LE COMTE. Arrêtez !.. Que faites-vous, Lambert?

TOUS. Le comte !

ROGER, à part. Le comte ici !

LE COMTE, aux domestiques. Sortez ! (A Lambert.) Remettez-moi les papiers que vous avez dû recevoir aujourd'hui. (Il les lui donne.)

RIQUET, bas, à Roger. Dites donc, il ne se porte pas trop mal , pour un mort.

LE COMTE. M. Roger, je ne vous ferai point de reproches sur votre conduite envers ma famille : c'est un crime... et les crimes se punissent seulement... Cependant, celui que vous avez commis en me volant ma fortune et en dépouillant ma femme du nom de son époux, pour la flétrir du vôtre... est un de ceux que n'atteignent point les lois, et que votre conscience ne vous reproche pas, sans doute.

ROGER. Non, Monsieur, et je suis prêt à faire valoir mes droits.

LE COMTE. Je n'avais pas prévu que vous auriez l'impudence de m'interrompre !

RIQUET, à part. Attrape, Jacquot !

LE COMTE. Mais vous ne vous êtes pas arrêté à un crime légal... vous en avez commis un autre qui conduit aux galères... vous avez fait un faux ! le voilà !

ROGER. Dieu !

LE COMTE. Et voici une autorisation ministérielle, qui me permet de vous faire arrêter partout et quand je voudrai.

ROGER. Je suis perdu !

LE COMTE. Cependant, il est encore en votre pouvoir de vous sauver !

ROGER. Oh ! de grace ! parlez, M. le Comte, que dois-je faire pour racheter mon crime ?.. Oui, je l'avoue, la soif des richesses m'a fait manquer à mes devoirs envers vous; vous devez me haïr, me mépriser... Oh ! mais, je vous en conjure, ne me livrez pas à la honte, au déshonneur public... je n'y survivrais pas; je suis bien coupable, mais j'implore votre pitié ! Ne me livrez pas à l'infamie !

LE COMTE. C'est ce que je désire vous épargner, et si votre repentir est sincère, j'aurai soin de vous; en attendant, voici ce que j'exige : vous signerez un acte que voici, il y est dit : « Je déclare et j'atteste n'avoir épousé en 93 » Mme la comtesse de Senlis que pour sauver sa » fortune et sa vie des périls de la révolution ; » je jure de ne point m'opposer à la radiation de » ce mariage supposé, et être prêt à restituer au » comte, à sa réquisition, les titres et les droits » que la comtesse m'a donnés sur ses biens. » Signez-vous ?

ROGER. C'est la misère que vous me proposez.

LE COMTE. D'après votre conduite future, je réglerai votre existence.

ROGER. Je consens à tout, M. le Comte; pour sauver mon honneur; mais en échange de cet acte, daignerez-vous me remettre ce fatal écrit, afin que puisse détruire moi-même ce souvenir funeste?

LE COMTE. Oui, signez.

ROGER, passant à la table et présentant l'acte au Comte en échange du sien. Vous êtes obéi... (Il lui arrache les deux papiers et les déchire.) Vous n'avez plus de preuves contre moi, M. le Comte, et c'est vous qui êtes dans mon pouvoir ; madame Roger, ex-comtesse de Senlis, est ma femme, je vous le ferai connaître. A demain, M. le Comte à demain ! (Il sort.)

LE COMTE. Ah ! l'infâme !

(Tout le monde reste consterné.)

FIN DU DEUXIÈME ACTE.

ACTE III.

Même décoration qu'au premier acte.

SCÈNE I.
RIQUET ; puis, ALBERT.

RIQUET, dans le pavillon ; il est assis et semble très occupé à travailler. Quel travail long et difficile, c'est à y renoncer, surtout lorsqu'on est si peu certain de réussir, la plus petite boulette peut tout gâter; j'ai bien fait de n'en parler à personne, parce que si je manque mon coup , on n'aura rien à me dire.

ALBERT. M. Riquet ? M. Riquet ?..

RIQUET, par la croisée. Hein ! qui m'appelle ? Je n'ai pas le temps.

ALBERT. M. Riquet, depuis une heure je me promène dans le jardin sans y rencontrer mademoiselle Julie. Ne l'avez-vous pas vue ?

RIQUET. Mlle Julie ?..

ALBERT. Oui, est-elle descendue ?

RIQUET. M. Albert, je n'ai pas de conseil à vous donner, mais je vous engage à oublier Mlle Julie le plus vite que vous pourrez.

ALBERT. Pourquoi ?.. Vous aussi vous faites la guerre à notre sympathie.

RIQUET. Moi ? par exemple, au contraire, je voudrais être votre père et mère, je vous marierais tout de suite; mais, maintenant, il y a un petit empêchement de plus.

ALBERT. Encore?.. Lequel?..

RIQUET. J' vous dirai ça plus tard, j' n'ai pas le temps de causer, je tiens un travail qui presse, et qui nécessite toute mon attention.

ALBERT. Achevez au moins, dites-moi quel est ce nouvel empêchement.

RIQUET. Vous voulez le savoir?..

ALBERT. Certainement.

RIQUET. Vous rappelez vous que je vous ai dit plus de cent fois : « M. Albert, vous avez tort de toujours courir sur les pas de Mlle Julie, ça déplaît à Mme Geneviève, et si vous ne devenez pas plus prudent, il vous en cuira?»

ALBERT. Oui, oui, je me souviens. Après?

RIQUET. Après? Eh bien ! Mme Geneviève, voyant qu'on ne tenait aucun compte de ses avis, est partie ce matin avec sa fille pour la conduire au pensionnat de la ville de Senlis.

ALBERT. Est-ce bien vrai, ce que vous me dites là, M. Riquet?..

RIQUET. C'est la plus blanche de toutes les vérités.

ALBERT. Oh ! c'est impossible, c'est une perfidie, une cruauté, nous séparer, l'entraîner loin de moi, l'enfermer dans une maison étrangère, mais elle en mourra, nous en mourrons tous deux.

RIQUET. Sur ce point, je crois que vous vous trompez : on ne meurt pas si facilement que ça, on se chagrine, on essaie de se désespérer, on mange un peu moins pendant deux jours, et ensuite les choses reprennent leur train ordinaire. Mourir?.. oh ! ben oui...

ALBERT. Julie, ma chère Julie. (Le Comte entre.) Mon père !..

SCÈNE II.
ALBERT, LE COMTE, RIQUET, dans le pavillon.

LE COMTE, à lui-même. Oui, je parviendrai sans doute à neutraliser les efforts de l'odieuse spéculation de cet homme. Je sais qu'avec de l'or on obtiendrait tout de lui, mais il m'en coûte de dépouiller mon fils (Albert veut encore retourner vers Riquet. Il ferme sa fenêtre.) au profit d'un scélérat. Attendons le retour de Lambert et l'avis du procureur impérial. Je le vois trop, sans le secours de la justice, je ne pourrai jamais me rendre maître de lui!.. Albert! mon fils! vous paraissez triste. Auriez-vous quelque chagrin, quelque peine secrète à confier à votre père? Parlez. Quel ami plus sincère et plus tendre pourrait recevoir vos confidences et compâtir à vos douleurs?..

ALBERT. Mon bon père !

LE COMTE. Ouvrez-moi votre cœur, parlez!..

ALBERT. Le sujet de ma tristesse n'est point un secret, mon père; je gémis des événemens qui attristent toute notre famille, et je tremble que tout cela ne se termine un jour par quelque funeste catastrophe. (A part.) Je n'ose parler de Julie...

LE COMTE. Ne vous alarmez pas, mon fils, cet état de choses ne peut plus se prolonger maintenant, et nul doute que la justice de notre cause et la puissance de mes amis ne nous fassent triompher des tentatives coupables de notre adversaire.

ALBERT. Et ma mère cessera de souffrir et de pleurer !..

LE COMTE. Puis, nous songerons à l'avenir, à l'établissement de notre fils bien-aimé, l'espoir de ma famille, celui sur qui reposent toutes mes espérances. Quel sera mon bonheur, si, comme je l'espère, je puis, par une heureuse alliance, vous ouvrir une carrière honorable et brillante.

ALBERT. Mon père !..

LE COMTE. C'est là mon plus cher désir; j'ai reporté sur mon enfant toute mon ambition, toutes mes pensées de gloire et d'avenir : pendant mon exil, lorsque j'aspirais de jour en jour, avec une douloureuse inquiétude, au bonheur de rentrer dans ma patrie, cette pensée venait ranimer mon espérance. Vous êtes mon seul enfant, mon fils unique, et vous pouvez prétendre à une illustre alliance.

ALBERT. Oh! ne parlez pas encore de cela, mon père, ne me faites pas penser à me séparer de vous; laissez-moi vivre au milieu de ceux qui ont veillé, qui ont accompagné mon enfance, au milieu de ceux que j'aime!

LE COMTE. Eh bien ! soit, n'en parlons plus maintenant; je ne veux pas alarmer votre tendresse : le moment viendra bientôt où vous désirerez vous-même sortir de l'obscurité; car le temps n'est plus où la naissance et la fortune tenaient lieu de tout. Les hommes ne sont aujourd'hui que ce qu'ils se font eux-mêmes par leurs talens, par les services qu'ils rendent à la patrie; la gloire, les honneurs sont maintenant le partage de ceux qui savent les conquérir dans les camps, les mériter dans l'exercice des sciences ou par d'autres travaux utiles à la France. Voilà ce que vous comprendrez, ce que vous sentirez bientôt, je l'espère, et cette pensée vous conduira seule au-devant de mes désirs.

ALBERT. Oui, mon père, je le sens déjà, il est beau d'illustrer son nom, et si je dois avoir un jour la douleur de me séparer de vous pour entreprendre cette noble tâche, c'est dans l'état militaire, c'est dans la carrière des armes que je veux l'accomplir.

LE COMTE. C'est la plus périlleuse !..

ALBERT. Je le sais.

LE COMTE. Pourquoi la choisir ?..

ALBERT. Pour fuir le mariage.

LE COMTE. Le mariage vous fait peur?..

ALBERT. Oui, mon père...

LE COMTE. C'est singulier. Et pourquoi ?

ALBERT. Parce que je n'aimerais peut-être pas l'épouse que vous me choisiriez.

LE COMTE. Qu'en pouvez-vous savoir?

ALBERT. Oh ! j'en suis bien sûr, mon père.

LE COMTE. Ah! vous baissez les yeux... Douteriez-vous de la bonté de votre père?

ALBERT. Oh ! non !..

LE COMTE. Eh bien ! répondez avec confiance à votre meilleur ami. Une femme règne sur votre cœur?..

ALBERT. Oui, mon père.

LE COMTE. Et son rang, sa naissance ou le

mérite acquis par sa famille la rendent digne de vous?..

ALBERT. Elle est orpheline...

LE COMTE. Une orpheline?

ALBERT. Mon père, vous l'aimerez aussi quand vous connaîtrez son âme, quand vous pourrez juger de sa candeur et de sa grace, au doux son de sa voix, à son regard brillant et timide, en voyant tout ce que Dieu a mis en elle de bonté, de douceur et de charmes, vous direz comme moi : Cette enfant est un ange !

LE COMTE. Mais...

ALBERT. Sa mère, aimante et dévouée, fut, pendant dix-sept ans, la seule consolatrice de la mienne, de votre épouse, à qui elle n'a cessé de prodiguer nuit et jour les soins les plus actifs et les plus tendres, veillant avec une attention religieuse à sa conservation, éloignant d'elle tout ce qui pouvait entretenir ses douleurs, elle ranimait son courage en lui parlant de vous, de votre retour; elle offrait mon enfance à ses baisers maternels ; elle fut pour ma mère, enfin, la providence qui l'a conservée à votre tendresse, à votre amour, l'ange gardien qui a préservé sa tête des coups de la mort.

LE COMTE, tristement étonné. Ainsi, c'est la fille de Geneviève?..

ALBERT. Oui, mon père.

LE COMTE. Mon ami, à Dieu ne plaise que je veuille détourner de votre cœur la reconnaissance que mérite un si grand dévouement ; mais il est plusieurs considérations sociales qui ne peuvent permettre que vous unissiez votre existence à celle de cette jeune fille. La raison vous fera une loi d'oublier cet attachement, cet amour naissant qui n'a pour base qu'une amitié d'enfance, et que le bon sens réprouve.

ALBERT. Mon père !..

LE COMTE. Laissons cet enfantillage, mon fils, vous réfléchirez... Parlons de votre mère Comment se trouve-t-elle aujourd'hui?

ALBERT, tristement. Assez bien, mon père. Ce matin, je l'ai accompagnée dans une promenade au jardin.

LE COMTE. Je me rends auprès d'elle. Au revoir, mon ami. (Avec bonté.) Je regrette qu'un de nos premiers entretiens ait pu vous causer quelque peine; mais je suis père, je veux le bonheur de mon fils, et je ne dois pas l'abandonner à la puérilité de ses caprices et aux faiblesses de son âge... vous m'en remercierez !..
Au revoir. (Il sort dans le jardin.)

SCÈNE III.
ALBERT; puis, LAMBERT.

ALBERT, pleurant. Mais que lui manque-t-il donc à ma chère Julie pour être digne de moi, n'a-t-elle pas le cœur et l'âme assez nobles pour faire mon bonheur?.. Cependant il me reste un espoir... ma mère ignore tout; je vais me confier à elle, son cœur sera sensible à ma peine, son cœur me comprendra !..

SCÈNE IV.
LAMBERT, seul.

S'il ne dépendait que de moi, la petite serait bientôt revenue près de son amoureux; c'est terrible de chagriner des petits amours comme ça! ils sont si gentils! Enfin nous verrons plus tard.

SCÈNE V.
LAMBERT, LE COMTE, LA COMTESSE.
revenant du jardin.

LE COMTE, à la Comtesse. Oui, mon amie, j'approuve la sage résolution de Geneviève, quoi qu'il advienne, il est prudent d'arrêter les progrès de cet amour.

LA COMTESSE. Cela m'attriste; je suis tellement habituée à la présence de mes deux enfans...

LE COMTE. Et bien! Lambert, vous voilà de retour? apportez-vous d'heureuses nouvelles?..

LAMBERT. Non, M. le Comte, Roger m'avait devancé à Senlis, il est parvenu à obtenir du procureur impérial l'autorisation de disposer de la force armée pour contraindre Madame à le suivre, et pour faire arrêter, au besoin ceux, qui voudraient s'y opposer.

LA COMTESSE et LE COMTE. Grand Dieu!..

LAMBERT. M. le Comte ne serait-il pas prudent d'éloigner Mme la Comtesse, de la conduire chez quelque ami de votre famille...

LA COMTESSE. Non, je ne veux plus m'éloigner de mon époux, de mes amis; je ne trouverais de repos nulle part, et j'ai assez souffert. Que veut cet homme? que demande-t-il pour prix de son départ et de la rupture de mes chaînes odieuses !.. Il veut de l'or, des richesses, donnons-lui tout ce qu'il exige, et sortons de cette cruelle position.

LAMBERT. Y songez-vous, Madame, la moitié de votre fortune...

LA COMTESSE. Eh! qu'importe la fortune, si pour la conserver il nous faut passer la vie dans ces cruelles angoisses? Tous les biens de la terre ne sauraient payer tant de souffrances !

LE COMTE. Avant tout, je veux essayer de tromper notre ennemi; si je parviens à l'éloigner jusqu'à demain, j'aurai le temps de me rendre à Paris pour hâter l'expédition de l'acte que mes amis sollicitent en mon nom, puis je reviendrai à mon tour, armé de la loi et de mes droits d'époux et de père, détruire l'échaffaudage de ses tentatives criminelles.

LA COMTESSE. Et vous réussirez : un doux pressentiment me dit que bientôt nous serons rendus au bonheur. Je me sens déjà mieux, beaucoup mieux. Vous le savez, ma souffrance est toute morale, et maintenant j'espère, la vue de mon époux me donne tant de courage!

LE COMTE. Lambert, si M. Roger se présente, priez-le d'attendre, je reviens à l'instant.

SCÈNE VI.
LAMBERT, seul.

Les voilà heureux ! Ils se bercent d'une douce espérance qui bientôt peut-être sera déçue par la ruse infernale de leur mauvais génie. N'importe! malgré leur sécurité, je ne le perdrai pas de vue, lui. Et Albert, Julie! pauvres enfans qui s'aiment comme deux petits tourtereaux, et qui ne peuvent pas être l'un à l'autre! Ah! je ne songeais guère en arrivant ici... Mais voici Roger!.. Attention!

SCÈNE VII.
ROGER, LAMBERT.

ROGER. M. le Comte est-il visible?
LAMBERT. Attendez-le, il va venir?
ROGER. Bientôt?
LAMBERT. Je n'en sais rien.
ROGER. Mais...
LAMBERT. Mais! attendez, vous le verrez. Vous êtes donc bien impatient de lui voler sa fortune?
ROGER. Monsieur!..
LAMBERT. Ah! vous vous fâchez? Quelle hypocrisie!
ROGER. Me fâcher, moi! non, mais je ne prétends pas souffrir vos injures.
LAMBERT. Pourtant, personne ne m'empêchera de vous dire ce que je pense de vous.
ROGER, à part. Contraignons-nous.
LAMBERT. Que venez-vous chercher ici, après tout le mal que vous y avez fait? Venez-vous jouir des larmes que vous faites répandre, ou contempler l'effet des douleurs que vous avez causées? Non, car vous n'êtes pas cruel, vous êtes froid et vil, vous ne connaissez ni la haine, ni la vengeance; vous faites le mal par jalousie et par cupidité; vous voulez être heureux à tout prix, peu vous importe les maux qui en résultent pour les autres; vous n'avez d'affection pour rien; vous tueriez vos enfans, si leurs cris troublaient votre sommeil; vous marcheriez sur le corps de votre père pour éviter un abîme; vous êtes un homme horrible! vous êtes un monstre qu'il faudrait étouffer pour en purger le monde.
ROGER. Votre tableau est peut-être un peu forcé, cependant il y a du vrai, et je vois que vous me connaissez. Je ne fais pas le mal pour le plaisir de le faire, mais je n'hésite pas à le commettre lorsqu'il peut-être utile à mon bonheur!..
LAMBERT. J'espérais le faire rougir de lui-même, mais il n'a plus ni sang, ni âme.

SCÈNE VIII.
ROGER, LE COMTE, LAMBERT.

ROGER, à part. Voilà le comte, nous allons entrer en explication. (Haut.) Je viens au-devant de vous, Monsieur le Comte, pour vous offrir un arrangement à l'amiable, et vous préserver, si vous voulez, des voies plus sérieuses que je suis en mesure de prendre contre vous.
LE COMTE. Avant d'aller plus loin, Monsieur, vous souvient-il qu'il y a dix-sept ans vous prîtes Lambert à témoin d'un serment...
ROGER. Je m'en souviens, Monsieur le Comte, et je me souviens aussi qu'avant même de le prêter j'avais l'intention de le trahir.
LAMBERT. Oh! l'infâme!
LE COMTE. Et c'est vous qui venez nous le dire!
ROGER. Pourquoi pas? Nous en sommes venus à un point où la dissimulation est au moins inutile.
LE COMTE. Je suis anéanti, le crime parfois peut s'expliquer, mais cette effroyable audace me confond!
ROGER. Maintenant, voici notre position respective: dans un quart d'heure la maréchaussée va se rendre ici pour me prêter main-forte, s'il est nécessaire, et m'aider à emmener ma femme avec moi; vous son premier mari, vous désirez reprendre vos droits, mais vous devez savoir que je ne suis pas homme à céder les miens gratuitement, et je viens d'avance vous faire mes propositions.
LE COMTE. Oh! mon Dieu! est-ce donc pour nous faire aspirer avec plus d'ardeur à la vie céleste, que vous avez semé la terre de ces monstres frappés de votre réprobation?
ROGER. De grace, M. le Comte, ramenons les choses à leur point de vue matériel. Je tiens entre mes mains des droits dont je veux bien me dessaisir. Si vous tenez à les posséder à ma place, achetez-les...
LE COMTE. Eh quoi! la crainte du déshonneur?..
ROGER. Je ne crains que la misère...
LAMBERT. Vous ne comptez pas le mépris et l'horreur des honnêtes gens!
ROGER. Ils sont si rares!.. D'ailleurs, que m'importe l'opinion publique?.. Pour vivre heureux dans ce monde, il faut être riche. J'ai voulu l'être, je le serai, à tout prix!
LE COMTE, froidement, avec mépris. Puisque vous ne craignez point le remords, que votre conscience est muette, et que la voix de l'honneur n'a point d'empire sur vous, parlez, qu'exigez-vous de moi?..
ROGER. Votre fortune s'élève à douze cent mille francs; nous sommes trois, j'en veux le tiers.
LE COMTE. A ce prix, vous ferez annuler le mariage?..
ROGER. Sans doute.
LE COMTE. Demain, vous trouverez la somme chez mon notaire; il vous la remettra en échange de votre acte.
ROGER. Demain?.. Non, à l'instant, donnez-moi un ordre pour votre notaire, avec la condition convenue.
LE COMTE. Il peut exiger un ordre verbal?
ROGER. Je vous le ferai ravoir alors, mais il me faut à l'instant l'ordre écrit, ou la Comtesse va me suivre.
LE COMTE, allant à la table à droite. Vous allez l'avoir.*
(Il écrit.)
LAMBERT, à part. Allons, le crime l'emporte, et le scélérat en est venu à ses fins! C'est horrible!
ROGER, prenant le papier. Permettez. (Il examine.) C'est bien cela, M. le Comte. (Il remet le papier sur la table.) Maintenant, signez.

*Lambert, Roger, le Comte.

RIQUET. ouvrant la fenêtre de son pavillon. Ne signez pas, M. le Comte, je colle le dernier morceau!

TOUS. Que veut-il dire?

RIQUET. Attendez, attendez! (Il accourt avec deux papiers.) Je vous apporte, M. le Comte, le fruit de ma patience et un échantillon de mon talent.

LE COMTE. Qu'est-ce donc?

RIQUET. Lambert, empêchez ce bon M. Roger d'approcher de nous. (Au comte.) Ce sont les papiers que ce monsieur a déchirés hier, et dont il a oublié d'emporter les morceaux.

TOUS. Grand Dieu!

RIQUET. Ils sont comme neufs; je les crois même plus forts, car ils sont sur papier double. Qu'en dites-vous, papa Roger?

LAMBERT. Ah! le bon Dieu n'a donc pas voulu que ce misérable triomphât! Eh bien! Roger? qu'as-tu fait de l'arrogance dont tu te drapais tout à l'heure? Qu'as-tu fait de ces raisonnemens outrés à l'aide desquels tu prétendais légitimer tes crimes? Te voilà confondu, écrasé sous le poids de la vengeance divine!

RIQUET. Il ne manque plus que les gendarmes; mais il s'est chargé lui-même de les amener, il prévoyait avoir besoin d'une escorte.

(Il va prendre son fusil.)

LE COMTE. Non, mes amis, laissez-le s'éloigner, je ne veux pas de vengeance.

(Lambert et Riquet remontent en causant.)

ROGER, à part. Je suis ruiné, perdu!.. Je n'ai plus rien à ménager.

LE COMTE, à part. Cet homme fut aux yeux du monde l'époux de la comtesse, son déshonneur peut rejaillir sur nous. (Haut.) Vous pouvez partir, Monsieur; puisse cet événement faire changer en votre âme les pensées anti-sociales qui vous ont rendu si coupable.

ROGER. Je pars, mais, avant, remettez-moi cet acte mortuaire, à l'aide duquel on pourrait me perdre.

LE COMTE. Je l'anéantirai moi-même quand la comtesse sera entièrement libre.

ROGER. Et jusque là?

LE COMTE. Et jusque là je me tiendrai prêt à vous envoyer aux galères, si vous cherchiez à nous faire obstacle.

ROGER, à part, s'armant d'un pistolet. Eh bien! vous ne jouirez pas plus que moi de l'avenir!

(Il ajuste le comte. Lambert le voit, s'élance au-devant du coup, qu'il reçoit.)

LAMBERT. Malheureux! (Blessé.) Ah!

(Il tombe dans les bras du comte.)

SCÈNE IX.

LES MÊMES, GENEVIÈVE; puis, LA COMTESSE.

GENEVIÈVE, accourant au bruit du coup de pistolet; voyant tomber Lambert. Lambert! ah!

(Elle s'élance sur Roger qui fuit, le saisit au pan de son habit et se traîne à terre après lui.)

RIQUET, au fond, couchant Roger en joue. Halte là! brigand! Il y a long-temps que mon fusil est chargé à ton intention!

LE COMTE, remontant et plaçant Lambert sur un banc. Du secours!.. du secours!..

LA COMTESSE, entrant. Qu'y a-t-il? Mon époux!.. (Voyant Lambert blessé.) Lambert...

LE COMTE, pleurant. Oui, Lambert, qui s'est fait tuer pour nous sauver; Lambert, dont le dévouement pour nous ne devait finir qu'avec sa vie! Pauvre Lambert!..

LAMBERT. Ce n'est rien, M. le Comte, ce n'est qu'une égratignure...

TOUS. Ah!

GENEVIÈVE, à Lambert, lui enveloppant le bras. Mon ami, vous souffrez?..

LAMBERT, d'une voix faible. Ce n'est rien, Geneviève... J'en ai vu bien d'autres; c'est l'affaire de huit jours.

RIQUET, au fond. Par ici, brigadier. (Les gendarmes paraissent au fond.) Vos instructions sont changées: un assassinat vient d'être commis. Voilà la victime, et voici l'assassin!..

LE COMTE, à Roger, tristement, comme une prière. Ce ne sont plus les galères qui vous attendent, Monsieur, c'est l'échafaud!..

ROGER. Oh! je n'y monterai pas.

(Il sort, suivi des gendarmes.)

LE COMTE, à Lambert. Mon ami, comment pourrai-je jamais reconnaître tant de dévouement et de courage?..

LAMBERT. M. le Comte, votre fils pleure l'absence de sa jeune amie... Julie sera ma fille, et...

LE COMTE, prenant la main de son fils et de Lambert. Elle sera la mienne aussi. (A Albert.) Mon fils, Julie reviendra pour ne plus nous quitter!..

LAMBERT, se levant. Je suis presque guéri, M. le Comte...

GENEVIÈVE, se jetant dans les bras de Lambert. Mon Lambert!..

(On entend un coup de feu dans le lointain.)

LE COMTE. Il s'est fait justice...

* La Comtesse, Lambert, Geneviève, le Comte, Riquet.

FIN.

Impr. de Mme DE LACOMBE, r. d'Enghien, 12.

www.ingramcontent.com/pod-product-compliance
Lightning Source LLC
Chambersburg PA
CBHW060558050426
42451CB00011B/1977